U0577848

东发增值税专用发票

1100212130

No 13456002

1100212130
13456002

（全国统一发票监制章 东发 国家税务总局监制）

抵扣联

开票日期：2022 年 01 月 04 日

购买方	名　称：东发标准件制造有限公司 纳税人识别号：924857477363358123B 地址、电话：东发市经济技术开发区长江路 55 号 0123-3456789 开户行及账号：中国工商银行东发支行 663243429858253894	密码区	95+948*452<495738*394>464775744642646 47*4646/647568878<49573757+9088777264 647*4646/48*452<49573839446/67568878< 4957-3757+264647*4646/48*48*452<49575

第二联：抵扣联 购买方扣税凭证

货物或应税劳务、服务名称	规格型号	单位	数量	单价	金额	税率	税额
*钢材*圆钢	Φ12mm	吨	8	5000.00	40000.00	13%	5200.00
合　计					￥40000.00		￥5200.00

价税合计（大写）	⊗肆万伍仟贰佰元整	（小写）￥45200.00

销售方	名　称：江东钢铁有限责任公司 纳税人识别号：37098630305356657B 地址、电话：东发市雨花路 77 号 0123-65455466 开户行及账号：中国建设银行东发支行 5406424647486338450	备注	（江东钢铁有限责任公司 37098630305356657B 销售专用章）

收款人：王芳　　　复核：李逸风　　　开票人：王晓丽　　　销售方：（章）

图2-1　原始凭证1-1

东发增值税专用发票

1100212130

No 13456002

1100212130
13456002

（全国统一发票监制章 东发 国家税务总局监制）

发票联

开票日期：2022 年 01 月 04 日

购买方	名　称：东发标准件制造有限公司 纳税人识别号：924857477363358123B 地址、电话：东发市经济技术开发区长江路 55 号 0123-3456789 开户行及账号：中国工商银行东发支行 663243429858253894	密码区	95+948*452<495738*394>464775744642646 47*4646/647568878<49573757+9088777264 647*4646/48*452<49573839446/67568878< 4957-3757+264647*4646/48*48*452<49575

第三联：发票联 购买方记账凭证

货物或应税劳务、服务名称	规格型号	单位	数量	单价	金额	税率	税额
*钢材*圆钢	Φ12mm	吨	8	5000.00	40000.00	13%	5200.00
合　计					￥40000.00		￥5200.00

价税合计（大写）	⊗肆万伍仟贰佰元整	（小写）￥45200.00

销售方	名　称：江东钢铁有限责任公司 纳税人识别号：37098630305356657B 地址、电话：东发市雨花路 77 号 0123-65455466 开户行及账号：中国建设银行东发支行 5406424647486338450	备注	（江东钢铁有限责任公司 37098630305356657B 销售专用章）

收款人：王芳　　　复核：李逸风　　　开票人：王晓丽　　　销售方：（章）

图2-2　原始凭证1-2

税总函〔2021〕62 号京都印钞有限公司

1

中国工商银行

转账支票存根

10200020

35645761

附加信息 _____

_____

_____

出票日期 2022 年 01 月 04 日

| 收款人：江东钢铁有限责任公司 |
| 金　额：￥45 200.00 |
| 用　途：支付货款 |

单位主管　江东发　　会计　白小艺

深圳光华印制有限公司 · 2011 年印制

图2-3　原始凭证1-3

材料验收入库单

凭证编号：20220104

供货单位：江东钢铁有限责任公司　　　　　2022 年 01 月 04 日　　　　　仓库编号：1

增值税 5200.00	发票号 13456002	验收日期 2022 年 01 月 04 日	存放地点 1 号仓库			
材料编号	材料名称	规格	型号	单位	数量		金额	
					凭证	实收	单价	总价
101	圆钢		Φ12mm	吨	8	8	5000.00	40000.00
差异		备注						

第三联　财务科核算

财务主管　张　凡　　　　　仓库验收　刘东瑞　　　　　采购经办　何海涛

图2-4　原始凭证1-4

1100212130　　**东发增值税专用发票**　№ 45678123

1100212130
45678123

（盖章：东发 全国统一发票监制章 国家税务总局监制）

抵扣联

开票日期：2022 年 01 月 04 日

<table>
<tr><td rowspan="4">购买方</td><td colspan="2">名　　　　称：东发标准件制造有限公司</td><td rowspan="4" colspan="2">密码区</td><td rowspan="4">95+948*452<495738*394>464775744642646
47*4646/647568878<49573757+9088777264
647*4646/48*452<49573839446/67568878<
4957-3757+264647*4646/48*48*452<49575</td><td rowspan="4">第二联：抵扣联　购买方扣税凭证</td></tr>
<tr><td colspan="2">纳税人识别号：924857477363358123B</td></tr>
<tr><td colspan="2">地　址、电话：东发市经济技术开发区长江路 55 号 0123-3456789</td></tr>
<tr><td colspan="2">开户行及账号：中国工商银行东发支行 6632434298258253894</td></tr>
<tr><td>货物或应税劳务、服务名称</td><td>规格型号</td><td>单位</td><td>数量</td><td>单价</td><td>金额</td><td>税率</td><td>税额</td></tr>
<tr><td>*劳保用品*工作服</td><td></td><td>套</td><td>12</td><td>80.00</td><td>960.00</td><td>13%</td><td>124.80</td></tr>
<tr><td>*劳保用品*手套</td><td></td><td>副</td><td>50</td><td>2.00</td><td>100.00</td><td>13%</td><td>13.00</td></tr>
<tr><td>合　计</td><td></td><td></td><td></td><td></td><td>￥1060.00</td><td></td><td>￥137.80</td></tr>
<tr><td>价税合计（大写）</td><td colspan="4">⊗ 壹仟壹佰玖拾柒元捌角整</td><td colspan="3">（小写）￥1197.80</td></tr>
<tr><td rowspan="4">销售方</td><td colspan="2">名　　　　称：东宇商贸有限责任公司</td><td rowspan="4">备注</td><td rowspan="4" colspan="2">（盖章：东宇商贸有限责任公司 65444333232333333B 发票专用章）</td><td rowspan="4">购买方扣税凭证</td></tr>
<tr><td colspan="2">纳税人识别号：65444333232333333B</td></tr>
<tr><td colspan="2">地　址、电话：东发市雨花路 35 号 0123-65479790</td></tr>
<tr><td colspan="2">开户行及账号：中国工商银行东发支行 8633955868694679790</td></tr>
</table>

收款人：王慧慧　　　复核：许丽　　　开票人：郑明宇　　　销　售　方：（章）

图2-5　原始凭证2-1

税总函〔2021〕62号京都印钞有限公司

1100212130　　**东发增值税专用发票**　№ 45678123

1100212130
45678123

（盖章：东发 全国统一发票监制章 国家税务总局监制）

发票联

开票日期：2022 年 01 月 04 日

<table>
<tr><td rowspan="4">购买方</td><td colspan="2">名　　　　称：东发标准件制造有限公司</td><td rowspan="4" colspan="2">密码区</td><td rowspan="4">95+948*452<495738*394>464775744642646
47*4646/647568878<49573757+9088777264
647*4646/48*452<49573839446/67568878<
4957-3757+264647*4646/48*48*452<49575</td><td rowspan="4">第三联：发票联　购买方记账凭证</td></tr>
<tr><td colspan="2">纳税人识别号：924857477363358123B</td></tr>
<tr><td colspan="2">地　址、电话：东发市经济技术开发区长江路 55 号 0123-3456789</td></tr>
<tr><td colspan="2">开户行及账号：中国工商银行东发支行 6632434298258253894</td></tr>
<tr><td>货物或应税劳务、服务名称</td><td>规格型号</td><td>单位</td><td>数量</td><td>单价</td><td>金额</td><td>税率</td><td>税额</td></tr>
<tr><td>*劳保用品*工作服</td><td></td><td>套</td><td>12</td><td>80.00</td><td>960.00</td><td>13%</td><td>124.80</td></tr>
<tr><td>*劳保用品*手套</td><td></td><td>副</td><td>50</td><td>2.00</td><td>100.00</td><td>13%</td><td>13.00</td></tr>
<tr><td>合　计</td><td></td><td></td><td></td><td></td><td>￥1060.00</td><td></td><td>￥137.80</td></tr>
<tr><td>价税合计（大写）</td><td colspan="4">⊗ 壹仟壹佰玖拾柒元捌角整</td><td colspan="3">（小写）￥1197.80</td></tr>
<tr><td rowspan="4">销售方</td><td colspan="2">名　　　　称：东宇商贸有限责任公司</td><td rowspan="4">备注</td><td rowspan="4" colspan="2">（盖章：东宇商贸有限责任公司 65444333232333333B 发票专用章）</td><td rowspan="4">购买方记账凭证</td></tr>
<tr><td colspan="2">纳税人识别号：65444333232333333B</td></tr>
<tr><td colspan="2">地　址、电话：东发市雨花路 35 号 0123-65479790</td></tr>
<tr><td colspan="2">开户行及账号：中国工商银行东发支行 8633955868694679790</td></tr>
</table>

收款人：王慧慧　　　复核：许丽　　　开票人：郑明宇　　　销　售　方：（章）

图2-6　原始凭证2-2

税总函〔2021〕62号京都印钞有限公司

中国工商银行
转账支票存根
10200020
35645762

附加信息 _____

_____

_____

出票日期　年　月　日
收款人：_____
金　额：_____
用　途：_____

单位主管　　　会计

中国工商银行 **转账支票**
10200020
35645762

出票日期（大写）　年　月　日　　付款行名称：中国工商银行东发支行
收款人：_____　　　出票人账号：6632434298582538 94

	亿	千	百	十	万	千	百	十	元	角	分
人民币（大写）											

付款期限自出票之日起十天

用途 _____
上列款项请从
我账户内支付
出票人签章

密码 _____
行号 __102340020010__

复核　　　　记账

图2-7　原始凭证2-3（填写支票）

低值易耗品验收入库单

凭证编号：20220104

供货单位：_____　　　　　　　　年　月　日　　　　　仓库编号：2

增值税		发票号		验收日期		存放地点　2号仓库			
低值易耗品编号	低值易耗品名称	规格	型号	单位	数量		金额		
					凭证	实收	单价	总价	
差异		备注							

第三联　财务科核算

财务主管　　　　　仓库验收　　　　　采购经办

图2-8　原始凭证2-4（填写入库单）

深圳光华印制有限公司·2011年印制

中国工商银行　　　　银行承兑汇票　　　　2　　10500050
45252613

（复印件）　　　出票日期　　贰零贰壹年壹拾壹月零肆日
（大写）

出票人全称	常顺有限责任公司	收款人	全称	东发标准件制造有限公司										
出票人账号	9584505406464748633		账号	6632434298258253984										
付款行全称	中国工商银行经三路支行	行号	10244015678	开户行	中国工商银行东发支行	行号	10244015236							

汇票金额	人民币（大写）	陆万柒仟捌佰元整		千	百	十	万	千	百	十	元	角	分
						¥	6	7	8	0	0	0	0

汇票到期日	贰零贰贰年壹伍月零肆日	本汇票已经承兑，到期日由本行付款。	承兑协议编号	【2021】088

本汇票请你们承兑，此项汇票我单位按承兑协议于到期日能够足额交存银行，到期请予以支付

科目（借）
对方科目（贷）

出票人签章　　波李印东　　2021 年 11 月 04 日

承兑行签章　　承兑日期．　年　月　日

转账　　年　月　日
复核　　记账

图2-9　原始凭证3-1

中国工商银行　　　贴现凭证（收账通知）4

申请日期　　2022 年 01 月 04 日　　　第 001 号

贴现汇票	种类	银行承兑汇票	号码	45252613	收款人	全称	东发标准件制造有限公司
	出票日	2021 年 11 月 04 日				账号	6632434298258253984
	到期日	2022 年 5 月 04 日				开户行	中国工商银行东发支行

汇票承兑人	名称	中国工商银行经三路支行	账号	9584505406464748633	开户行	中国工商银行经三路支行

汇票金额	人民币（大写）	陆万柒仟捌佰元整	千	百	十	万	千	百	十	元	角	分
					¥	6	7	8	0	0	0	0

贴现率每月	0.8%	贴现利息	千	百	十	万	千	百	十	元	角	分	实付贴现金额	千	百	十	万	千	百	十	元	角	分

上述款项已入你单位账户

银行盖章　　2022 年 01 月 04 日

备注：

图2-10　原始凭证3-2（补充填写贴现凭证）

领料单

材料类别：原材料

领用部门：生产车间　　　2022 年 01 月 04 日　　　领料单：101

材料名称	规格	单位	数量		单价	总价	用途
			请领	实发			
圆钢	Φ12mm	吨	3	3	5000 元/吨	15000.00	生产 M12×110
圆钢	Φ12mm	吨	5	5	5000 元/吨	25000.00	生产 M12×200
圆钢	Φ16mm	吨	4	4	5600 元/吨	22400.00	生产 M16×110
圆钢	Φ16mm	吨	5	5	5600 元/吨	28000.00	生产 M16×200
发料部门	刘东瑞	领用部门	杜三强	备注			

图2-11　原始凭证4

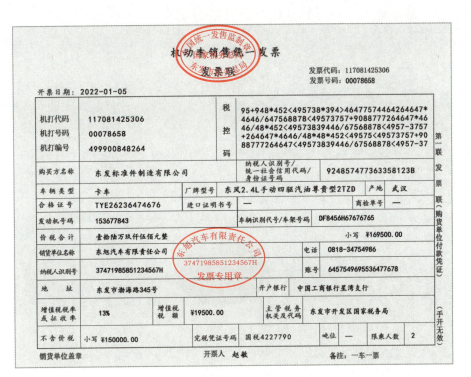

图2-12　原始凭证5-1

中华人民共和国
税收完税证明

No.337085220100089065

填表日期：2022 年 01 月 05 日　税务机关：国家税务总局东发市税务局

纳税人识别号	924857477363358123B		纳税人名称	东发标准件制造有限公司	
原始凭证	税种	品目名称	税款所属时期	入（退）库日期	实缴（退）全额
00078658	车辆购置税	车辆购置税	2022-01-05~2022-01-05	2022-01-05	15000.00
全额合计	（大写）壹万伍仟元整				￥15,000.00
	填票人 纳税人网上开具		备注 主管税务所（科、分局）：国家税务总局东发市税务局 税源管理科		

妥善保管

图2-13　原始凭证5-2

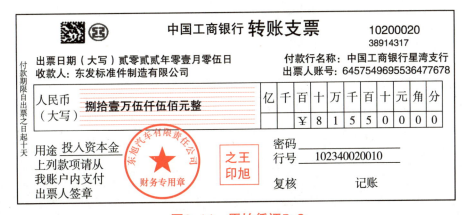

图2-14　原始凭证5-3

固定资产验收单

2022 年 01 月 05 日　　　　　　　　凭证编号：20220105

第二联　交财务部门

固定资产名称	规格型号	单位	数量	预计使用年限	已使用年限	原始价值	已提折旧	评估价
卡车	东风 2.4L 手动四驱	辆	1	5		165000.00		
固定资产状况	全新				使用部门		销售部	
何时购入	进入方式		入账价值		固定资产管理部门		会计主管	
2022 年 1 月 5 日	接受投资		165000.00		同意入库		张 凡	

图2-15　原始凭证5-4

ICBC　中国工商银行　　进账单（收账通知）
　　　　　　　　　年　月　日　NO.

此联是收款人开户银行交给收款人的收账通知

出票人	全称		收款人	全称	
	账号			账号	
	开户银行			开户银行	

金额	人民币（大写）			亿 千 百 十 万 千 百 十 元 角 分

票据种类		票据张数	
票据号码			

复核：　　　　记账　　　　　　　　　　收款人开户银行签章

图2-16　原始凭证5-5（填写进账单）

投资协议书

投出单位：东旭汽车有限责任公司

投入单位：东发标准件制造有限公司

东旭汽车有限责任公司以一辆卡车（价款150000元，增值税19500元，车辆购置税15000元）和815500元货币资金投入东发标准件制造有限公司，占东发标准件制造有限公司扩股后注册资本8000000元中12.5%的份额。

东旭汽车有限责任公司　　　　东发标准件制造有限公司
2022 年 1 月 5 日　　　　　　　2022 年 1 月 5 日

图2-17　原始凭证5-6

1100212130

东发增值税专用发票

No 08167691

1100212130
08167691

抵扣联

开票日期：2022 年 01 月 05 日

购买方	名　　　　称：东发标准件制造有限公司
	纳税人识别号：924857477363358123B
	地　址、电话：东发市经济技术开发区长江路 55 号 0123-3456789
	开户行及账号：中国工商银行东发支行 6632434298258253894

密码区：95+948*452<495738*394>46477574464264647*4646/647568878<49573757+9088777264647*4646/48*452<49573839446/67568878<4957-3757+264647*4646/48*48*452<49575

货物或应税劳务、服务名称	规格型号	单位	数量	单价	金额	税率	税额
*保险服务 *救护车费用补偿保险		份	1	4.72	4.72	6%	0.28
*保险服务 *法律费用补偿保险		份	1	122.63	122.63	6%	7.37
*保险服务 *短期健康险		份	1	25.00	25.00	6%	1.50
*保险服务 *车辆商业保险		份	1	1344.43	1344.43	6%	80.67
*保险服务 *机动车交通事故责任强制保险		份	1	660.38	660.38	6%	39.62
*保险服务 *人身意外险		份	1	26.90	26.90	6%	1.60
合　计					￥2184.06		￥131.04

价税合计（大写）	⊗ 贰仟叁佰壹拾伍元壹角整	（小写）￥2315.10

销售方	名　　　　称：中国平安财产保险股份有限公司东发中心总公司
	纳税人识别号：65678543232333124A
	地　址、电话：东发市光合路 56 号 0123-65589754
	开户行及账号：中国工商银行东发支行 8633686790946799558

备注：车牌号南 A—G3567、保单号 390181596617，税款所属期 2022 年 1 月 -12 月，车船税 360.00 元、滞纳金 0.00 元合计金额 2675.10 元

收款人：胡单　　　复核：单燕燕　　　开票人：闫华　　　销 售 方：（章）

税总函〔2021〕62 号京都印钞有限公司

第二联：抵扣联　购买方扣税凭证

图2-18　原始凭证6-1

1100212130

东发增值税专用发票

No 08167691

1100212130
08167691

发票联

开票日期：2022 年 01 月 05 日

购买方	名　　　　称：东发标准件制造有限公司
	纳税人识别号：924857477363358123B
	地　址、电话：东发市经济技术开发区长江路 55 号 0123-3456789
	开户行及账号：中国工商银行东发支行 6632434298258253894

密码区：95+948*452<495738*394>46477574464264647*4646/647568878<49573757+9088777264647*4646/48*452<49573839446/67568878<4957-3757+264647*4646/48*48*452<49575

货物或应税劳务、服务名称	规格型号	单位	数量	单价	金额	税率	税额
*保险服务 *救护车费用补偿保险		份	1	4.72	4.72	6%	0.28
*保险服务 *法律费用补偿保险		份	1	122.63	122.63	6%	7.37
*保险服务 *短期健康险		份	1	25.00	25.00	6%	1.50
*保险服务 *车辆商业保险		份	1	1344.43	1344.43	6%	80.67
*保险服务 *机动车交通事故责任强制保险		份	1	660.38	660.38	6%	39.62
*保险服务 *人身意外险		份	1	26.90	26.90	6%	1.60
合　计					￥2184.06		￥131.04

价税合计（大写）	⊗ 贰仟叁佰壹拾伍元壹角整	（小写）￥2315.10

销售方	名　　　　称：中国平安财产保险股份有限公司东发中心总公司
	纳税人识别号：65678543232333124A
	地　址、电话：东发市光合路 56 号 0123-65589754
	开户行及账号：中国工商银行东发支行 8633686790946799558

备注：车牌号南 A—G3567、保单号 390181596617，税款所属期 2022 年 1 月 -12 月，车船税 360.00 元、滞纳金 0.00 元合计金额 2675.10 元

收款人：胡单　　　复核：单燕燕　　　开票人：闫华　　　销 售 方：（章）

税总函〔2021〕62 号京都印钞有限公司

第三联：发票联　购买方记账凭证

图2-19　原始凭证6-2

中国工商银行

转账支票存根

10200020

35645763

深圳光华印制有限公司 · 2011 年印制

附加信息

_____

_____

_____

出票日期 2022 年 01 月 05 日

收款人：	中国平安财产保险股份有限公司东发中心支公司
金　额：	￥2 675.10
用　途：	支付保险费和车船费

单位主管　江东发　会计　白小艺

图2-20　原始凭证6-3

中国工商银行

转账支票存根

10200020

35645764

深圳光华印制有限公司 · 2011 年印制

附加信息

_____

_____

_____

出票日期 2022 年 01 月 05 日

收款人：	常顺有限责任公司
金　额：	￥2 000.00
用　途：	退还押金

单位主管　江东发　会计　白小艺

图2-21　原始凭证7

购销合同

合同编号 220108

购货单位（甲方）：东发标准件制造有限公司

供货单位（乙方）：南风钢铁有限责任公司

根据《中华人民共和国合同法》及国家相关法律法规之规定，甲乙双方本着平等互利的原则、就甲方购买乙方货物一事达成以下协议。

一、货物的名称、数量及价格：

货物名称	规格型号	单位	数量	单价	金额	税率	价税合计
圆钢	Φ16mm	吨	6	5690.00	34140.00	13%	38578.20
合计（大写）人民币叁万捌仟伍佰柒拾捌元贰角整						（￥38578.20）	

二、交货方式和费用承担：交货方式：供货方送货，交货时间：2022 年 01 月 10 日，交货地点：购货方仓库。

三、付款时间与付款方式：合同签订日甲方预付货款 30000 元、货到验货后补付余款。

四、质量异议期：订货方对供货方的货物质量有异议时，应在收到货物后当天提出，逾期视为货物质量合格。

五、未尽事宜经双方协调可作补充协议，与本合同具有同等效力。

六、本合同自双方签字、盖章之日起生效，本合同壹式贰份，甲乙双方各执壹份。

甲方（签章）　　　　　　　　　　　　乙方（签章）

授权代表：冯日辛　　　　　　　　　　授权代表：王雨农

地址：东发市经济技术开发区长江路 55 号　　地址：河海市幸福路 33 号

电话：0123-3456789　　　　　　　　　电话：6531-34565655

日期：2022 年 1 月 6 日　　　　　　　日期：2022 年 1 月 6 日

图2-22　原始凭证8-1

中国工商银行　网上银行电子回单

电子回单号码：0030-3978-2334-2299　　　　　打印时间：2022 年 01 月 06 日

付款人	户名	东发标准件制造有限公司	收款人	户名	南风钢铁有限责任公司
	账号	663243429858253894		账号	8633958450540646474
	开户银行	中国工商银行东发支行		开户银行	中国工商银行河海分行
金额		￥30,000.00	金额（大写）		人民币叁万元整
摘要		预付货款	业务（产品）种类		
用途					
交易流水		375747868	时间戳		2022-01-06 14：56
		备注：预付货款			
		验证码：weDGFwf jrtkghk jrthnWEURH			
记账网点	00008	记账柜员	2354536	记账日期	2022 年 1 月 6 日

图2-23　原始凭证8-2

1100212130 　　**东发增值税专用发票** *No* 45678212

1100212130
45678212

抵扣联

开票日期：2022 年 01 月 06 日

购买方	名　　称：东发标准件制造有限公司 纳税人识别号：924857477363358123B 地址、电话：东发市经济技术开发区长江路 55 号 0123-3456789 开户行及账号：中国工商银行东发支行 663243429858253894		密码区	95+948*452<495738*394>46477574464264647*4646/647568878<49573757+9088777264647*4646/48*452<49573839446/67568878<4957-3757+264647*4646/48*48*452<49575	

货物或应税劳务、服务名称	规格型号	单位	数量	单价	金额	税率	税额
*电子设备*联想电脑	Y7000P	台	1	5600.00	5600.00	13%	728.00
合　计					￥5600.00		￥728.00

价税合计（大写）	⊗陆仟叁佰贰拾捌元整	（小写）￥6328.00

销售方	名　　称：东宇商贸有限责任公司 纳税人识别号：65444333232333333B 地址、电话：东发市雨花路 35 号 0123-65479790 开户行及账号：中国工商银行东发支行 8633955868694679790	备注	东宇商贸有限责任公司 65444333232333333B 发票专用章

收款人：王慧慧　　　复核：许丽　　　开票人：郑明宇　　　销售方：（章）

第二联：抵扣联　购买方扣税凭证

税总函〔2021〕62 号京都印钞有限公司

图2-24　原始凭证9-1

1100212130 　　**东发增值税专用发票** *No* 45678212

1100212130
45678212

发票联

开票日期：2022 年 01 月 06 日

购买方	名　　称：东发标准件制造有限公司 纳税人识别号：924857477363358123B 地址、电话：东发市经济技术开发区长江路 55 号 0123-3456789 开户行及账号：中国工商银行东发支行 663243429858253894		密码区	95+948*452<495738*394>46477574464264647*4646/647568878<49573757+9088777264647*4646/48*452<49573839446/67568878<4957-3757+264647*4646/48*48*452<49575	

货物或应税劳务、服务名称	规格型号	单位	数量	单价	金额	税率	税额
*电子设备*联想电脑	Y7000P	台	1	5600.00	5600.00	13%	728.00
合　计					￥5600.00		￥728.00

价税合计（大写）	⊗陆仟叁佰贰拾捌元整	（小写）￥6328.00

销售方	名　　称：东宇商贸有限责任公司 纳税人识别号：65444333232333333B 地址、电话：东发市雨花路 35 号 0123-65479790 开户行及账号：中国工商银行东发支行 8633955868694679790	备注	东宇商贸有限责任公司 65444333232333333B 发票专用章

收款人：王慧慧　　　复核：许丽　　　开票人：郑明宇　　　销售方：（章）

第三联：发票联　购买方记账凭证

税总函〔2021〕62 号京都印钞有限公司

图2-25　原始凭证9-2

<table>
<tr><td>深圳光华印制有限公司·2011年印制</td><td>

中国工商银行

转账支票存根

10200020

35645765

附加信息 _____

_____

_____

出票日期 2022 年 01 月 06 日

收款人：	
东宇商贸有限责任公司	
金　额：￥6 328.00	
用　途：购买联想电脑	

单位主管　江东发　会计　白小艺

</td></tr>
</table>

图2-26　原始凭证9-3

固定资产验收单

年　月　日　　　　　　　　　　　　凭证编号：

固定资产名称	规格型号	单位	数量	预计使用年限	已使用年限	原始价值	已提折旧	评估价	第二联　交财务部门
固定资产状况				使用部门					
何时购入	进入方式		入账价值			固定资产管理部门		会计主管	

图2-27　原始凭证9-4（填写验收单）

领料单

材料类别：

领用部门：　　　　　　　年　月　日　　　　领用单：201

材料名称	规格	单位	数量		单价	总价	用途	第三联　交财务部门
			请领	实发				
发料部门		领用部门			备注			

图2-28　原始凭证10（填写领料单）

出差借款单

申请部门：采购部　　　　　　　　　　　　　2022 年 01 月 06 日

借支人	何海涛	电话	13647585856	员工号	301	国内（√）国外（）
出差地点	河海市			起止日期	2022-01-07 至 2022-01-09	
出差事由	采购原材料					
会议食宿费及差旅费负担情况	现金付讫					
预借金额	（大写）人民币贰仟元整			￥2000.00		
	部门领导：江东发			借支人：何海涛		

财务部领导：张　凡　　　　会计：白小艺　　　　出纳：孙晓艳

图2-29　原始凭证11

没收押金说明
因菲亚有限责任公司包装箱损毁，无法退还押金，没收押金 3000 元。

2022 年 1 月 6 日

图2-30　原始凭证12

领料单

　　　　　　　　　　　　　　　　　　　　材料类别：

领用部门：　　　　　　　　　年　月　日　　　领用单：102

材料名称	规格	单位	数量		单价	总价	用途
			请领	实发			
发料部门		领用部门		备注			

第三联　交财务部门

图2-31　原始凭证13（填写领料单）

东发增值税普通发票

1100212130

№ 54352132

1100212130
54352132

开票日期：2022 年 01 月 07 日

购买方	名　　称：东发标准件制造有限公司 纳税人识别号：924857477363358123B 地　址、电话：东发市经济技术开发区长江路 55 号 0123-3456789 开户行及账号：中国工商银行东发支行 663243429858253894	密码区	95+948*452<495738*394>464775744642646 47*4646/647568878<49573757+9088777264 647*4646/48*452<49573839446/67568878< 4957-3757+264647*4646/48*48*452<49575

货物或应税劳务、服务名称	规格型号	单位	数量	单价	金额	税率	税额
*餐饮服务*餐饮费		次	1	500.00	500.00	6%	30.00
合　　计					¥500.00		¥30.00

价税合计（大写）	⊗ 伍佰叁拾元整		（小写）¥530.00

销售方	名　　称：东发爱吃餐饮有限责任公司 纳税人识别号：65424423987632143W 地　址、电话：东发市王府号 0123-63212567 开户行及账号：中国工商银行东发支行 8679736869469039558	备注	

收款人：李欢欢　　复核：赵丽萍　　开票人：刘齐悦　　销售方：（章）

图2-32　原始凭证14-1

支付宝收支明细证明

敬启者：

兹证明东发标准件制造有限公司（统一社会信用代码：924857477363358123B）的支付宝账号收支明细信息如下：

基本信息

支付宝账户：Dfbzjzzyxgsf@163.com

收支明细对应的期间：自【2022-01-07 00：00：00】至【2022-01-07 23：59：59】

收入总金额：0.00　　　　　　　　支出总金额：530.00

收入总笔数：0　　　　　　　　　支出总笔数：1

收入总金额大写：零　　　　　　　支出总金额大写：伍佰叁拾元整

具体收支明细

流水号	时间	名称/备注	收入	支出	账户余额	资金渠道
202201070032154824	2022-01-07-14：30	支付餐饮费		-530.00	3470.00	支付宝

《支付宝收支明细》仅证明用户在下载该支付明细时其支付宝账户的收支情况。

《支付宝收支明细》有任何修改或涂改的，均为无效证明。

《支付宝收支明细》仅供参考，如与用户支付宝账户记录不一致的，以支付宝账户记录为准

支付宝（中国）网络技术有限公司

业务凭证专用章盖章处

图2-33　原始凭证14-2

税总函〔2021〕62 号京都印钞有限公司

第二联：发票联 购买方记账凭证

东发增值税专用发票

1100212130　　　　　　　　　　　No 23033898

1100212130
23033898

开票日期：2022 年 01 月 07 日

购买方	名　称：东发标准件制造有限公司 纳税人识别号：924857477363358123B 地址、电话：东发市经济技术开发区长江路 55 号 0123-3456789 开户行及账号：中国工商银行东发支行 663243429858253894					密码区	95+948*452<495738*394>464775744642646 47*4646/647568878<49573757+9088777264 647*4646/48*452<49573839446/67568878< 4957-3757+264647*4646/48*48*452<49575		
货物或应税劳务、服务名称	规格型号	单位	数量	单价	金额	税率	税额		
*机器设备*拔丝机	1200	台	1	100000.00	100000.00	13%	13000.00		
合　计					￥100000.00		￥13000.00		
价税合计（大写）	⊗壹拾壹万叁仟元整					（小写）￥113000.00			
销售方	名　称：通原机械有限责任公司 纳税人识别号：65444333232555555B 地址、电话：东发市雨花路 3 号 0123-65479888 开户行及账号：中国工商银行东发支行 8633955868694680800					备注			

收款人：王红　　　复核：许慧　　　开票人：郑明明　　　　　　　销　售　方：（章）

税总函〔2021〕62 号京都印钞有限公司

第二联：抵扣联　购买方扣税凭证

图2-34　原始凭证15-1

东发增值税专用发票

1100212130　　　　　　　　　　　No 23033898

1100212130
23033898

开票日期：2022 年 01 月 07 日

购买方	名　称：东发标准件制造有限公司 纳税人识别号：924857477363358123B 地址、电话：东发市经济技术开发区长江路 55 号 0123-3456789 开户行及账号：中国工商银行东发支行 663243429858253894					密码区	95+948*452<495738*394>464775744642646 47*4646/647568878<49573757+9088777264 647*4646/48*452<49573839446/67568878< 4957-3757+264647*4646/48*48*452<49575		
货物或应税劳务、服务名称	规格型号	单位	数量	单价	金额	税率	税额		
*机器设备*拔丝机	1200	台	1	100000.00	100000.00	13%	13000.00		
合　计					￥100000.00		￥13000.00		
价税合计（大写）	⊗壹拾壹万叁仟元整					（小写）￥113000.00			
销售方	名　称：通原机械有限责任公司 纳税人识别号：65444333232555555B 地址、电话：东发市雨花路 3 号 0123-65479888 开户行及账号：中国工商银行东发支行 8633955868694680800					备注			

收款人：王红　　　复核：许慧　　　开票人：郑明明　　　　　　　销　售　方：（章）

税总函〔2021〕62 号京都印钞有限公司

第三联：发票联　购买方记账凭证

图2-35　原始凭证15-2

中国工商银行　银行承兑汇票

1　10500050
45257529

出票日期（大写）　贰零贰贰年零壹月零柒日

出票人全称	东发标准件制造有限公司		收款人	全称	通原机械有限责任公司									
出票人账号	663243429858253984			账号	8633955868694680800									
付款行全称	中国工商银行东发支行	行号 10244015236		开户行	中国工商银行东发支行		行号 10244015236							

汇票金额	人民币（大写）	壹拾壹万叁仟元整	千	百	十	万	千	百	十	元	角	分
				¥	1	1	3	0	0	0	0	0

汇票到期日	贰零贰贰年壹壹月零柒日	本汇票已经承兑　到期日由本行付款。	承兑协议编号	【2021】093

本汇票请你们承兑，此项汇票我单位按承兑协议于到期日能够足额交存银行，到期请予以支付

中国工商银行
东发支行
2022.01.07
[06]

出票人签章
2022 年 01 月 07 日

承兑行签章
承兑日期. 年 月 日

科目（借）
对方科目（贷）
转账　年　月　日
复核　记账

此联收款人开户银行作委托收款凭证或结清后作收款凭证附件

图2-36　原始凭证15-3

1100212130

东发增值税专用发票

No 33073288
1100212130
33073288

抵扣联

开票日期：2022 年 01 月 08 日

购买方	名　称：东发标准件制造有限公司 纳税人识别号：924857477363358123B 地址、电话：东发市经济技术开发区长江路 55 号 0123-3456789 开户行及账号：中国工商银行东发支行 663243429858253894	密码区	95+948*452<495738*394>464775744642646 47*4646/647568878<49573757+9088777264 647*4646/48*452<49573839446/67568878< 4957-3757+264647*4646/48*48*452<49575

货物或应税劳务、服务名称	规格型号	单位	数量	单价	金额	税率	税额
* 安装服务 * 安装费			1	1000.00	1000.00	9%	90.00
合　计					¥1000.00		¥90.00

价税合计（大写）	⊗ 壹仟零玖拾元整	（小写）¥1090.00

销售方	名　称：通显安装服务有限责任公司 纳税人识别号：54637825883483824W 地址、电话：东发市维城路 38 号 0123-57576767 开户行及账号：中国工商银行东发支行 8633957788979898988	备注	通显安装服务有限责任公司 54637825883483824W 发票专用章

收款人：李强　　复核：滑晓然　　开票人：田辉　　销　售　方：（章）

第二联：抵扣联　购买方扣税凭证

税总函 [2021] 62 号京都印钞有限公司

图2-37　原始凭证16-1

1100212130

东发增值税专用发票

No 33073288

1100212130
33073288

开票日期：2022 年 01 月 08 日

<table>
<tr><td rowspan="4">购买方</td><td>名　　　称：</td><td colspan="4">东发标准件制造有限公司</td><td rowspan="4">密码区</td><td rowspan="4">95+948*452<495738*394>464775744642646
47*4646/647568878<49573757+9088777264
647*4646/48*452<49573839446/67568878<
4957-3757+264647*4646/48*48*452<49575</td></tr>
<tr><td>纳税人识别号：</td><td colspan="4">924857477363358123B</td></tr>
<tr><td>地　址、电　话：</td><td colspan="4">东发市经济技术开发区长江路 55 号 0123-3456789</td></tr>
<tr><td>开户行及账号：</td><td colspan="4">中国工商银行东发支行 663243429858253894</td></tr>
<tr><td colspan="2">货物或应税劳务、服务名称</td><td>规格型号</td><td>单位</td><td>数量</td><td>单价</td><td>金额</td><td>税率</td><td>税额</td></tr>
<tr><td colspan="2">*安装服务*安装费</td><td></td><td></td><td>1</td><td>1000.00</td><td>1000.00</td><td>9%</td><td>90.00</td></tr>
<tr><td colspan="2">合　　计</td><td></td><td></td><td></td><td></td><td>¥1000.00</td><td></td><td>¥90.00</td></tr>
<tr><td colspan="2">价税合计（大写）</td><td colspan="4">⊗ 壹仟零玖拾元整</td><td colspan="3">（小写）¥1090.00</td></tr>
<tr><td rowspan="4">销售方</td><td>名　　　称：</td><td colspan="4">通显安装服务有限责任公司</td><td rowspan="4">备注</td><td rowspan="4"></td></tr>
<tr><td>纳税人识别号：</td><td colspan="4">54637825883483824W</td></tr>
<tr><td>地　址、电　话：</td><td colspan="4">东发市维城路 38 号 0123-57576767</td></tr>
<tr><td>开户行及账号：</td><td colspan="4">中国工商银行东发支行 8633957788979898988</td></tr>
</table>

收款人：李强　　　复核：滑晓然　　　开票人：田辉　　　　　销　售　方：（章）

税总函〔2021〕62 号京都印钞有限公司

第三联：发票联　购买方记账凭证

图2-38　原始凭证16-2

图2-39　原始凭证16-3

固定资产验收单

年　　月　　日　　　　　　　　　　凭证编号：

<table>
<tr><td>固定资产名称</td><td>规格型号</td><td>单位</td><td>数量</td><td>预计使用年限</td><td>已使用年限</td><td>原始价值</td><td>已提折旧</td><td>评估价</td></tr>
<tr><td></td><td></td><td></td><td></td><td></td><td></td><td></td><td></td><td></td></tr>
<tr><td>固定资产状况</td><td></td><td></td><td></td><td colspan="3">使用部门</td><td></td><td></td></tr>
<tr><td>何时购入</td><td colspan="2">进入方式</td><td colspan="2">入账价值</td><td></td><td colspan="2">固定资产管理部门</td><td>会计主管</td></tr>
<tr><td></td><td></td><td></td><td></td><td></td><td></td><td></td><td></td><td></td></tr>
</table>

第二联　交财务部门

图2-40　原始凭证17（填写验收单）

东发市医疗机构门诊收费收据

系列号：2022011021　　　　2022 年 1 月 10 日　　　　　　U0022340

姓名：刘东瑞		结算方式：现金			
药品项目	金额	医疗项目	金额	医疗项目	金额
西药	258.20	诊查费	800.00	治疗费	500.00
中成药		急诊留观床位费	250.00	其中 输血费	
中草药		检查费	500.00	输氧费	
		其中 CT	现金付讫	手术费	
		MRI		其他	
				特需服务费	
		检验费			
合计人民币（大写）		市第一人民医院财务专用章			
医保/公医记账金额		2150.00		个人缴费金额	158.20
收费单位（盖章）		审核员：		收费员：0358	

图2-41　原始凭证18

3700212130　　　## 河海增值税专用发票　　No 45673212

3700212130
45673212

抵扣联　　　开票日期：2022 年 01 月 09 日

购买方	名　称：东发标准件制造有限公司 纳税人识别号：924857477363358123B 地址、电话：东发市经济技术开发区长江路 55 号 0123-3456789 开户行及账号：中国工商银行东发支行 663243429858253894	密码区	95+948*452<495738*394>464775744642646 47*4646/647568878<49573757+9088777264 647*4646/48*452<49573839446/67568878< 4957-3757+264647*4646/48*48*452<49575

货物或应税劳务、服务名称	规格型号	单位	数量	单价	金额	税率	税额
*住宿服务*住宿费		天	2	300.00	600.00	6%	36.00
合　计					￥600.00		￥36.00

价税合计（大写）	⊗陆佰叁拾陆元整		（小写）￥636.00

销售方	名　称：河海市白玉兰酒店有限公司 纳税人识别号：46576596374371847W 地址、电话：河海市万福路 43 号 6531-45326543 开户行及账号：中国工商银行河海分行 8633064647495845054	备注	河海市白玉兰酒店有限公司 46576596374371847W 发票专用章

收款人：胡风　　　复核：刘亚　　　开票人：张华　　　　　　销　售　方：（章）

图2-42　原始凭证19-1

河海增值税专用发票 No 45673212

3700212130

3700212130
45673212

开票日期：2022 年 01 月 09 日

购买方	名　　称：东发标准件制造有限公司 纳税人识别号：924857477363358123B 地址、电话：东发市经济技术开发区长江路 55 号 0123-3456789 开户行及账号：中国工商银行东发支行 663243429858253894	密码区	95+948*452<495738*394>464775744642646 47*4646/647568878<49573757+9088777264 647*4646/48*452<49573839446/67568878< 4957-3757+264647*4646/48*48*452<49575

货物或应税劳务、服务名称	规格型号	单位	数量	单价	金额	税率	税额
*住宿服务*住宿费		天	2	300.00	600.00	6%	36.00
合　计					￥600.00		￥36.00

价税合计（大写）　⊗ 陆佰叁拾陆元整　（小写）￥636.00

销售方	名　　称：河海市白玉兰酒店有限公司 纳税人识别号：46576596374371847W 地址、电话：河海市万福路 43 号 6531-45326543 开户行及账号：中国工商银行河海分行 8633064647495845054	备注	

收款人：胡风　　复核：刘亚　　开票人：张华　　销售方：（章）

第三联：发票联　购买方记账凭证

税总函[2021]62 号京都印钞有限公司

图2-43　原始凭证19-2

差旅费报销单

部门：采购部　　报销日期：2022 年 01 月 10 日　　编号：20220101

出差人			何海涛		出差事由		公事		项目名称	采购材料	
出发			到达			交通		出差补助		其他费用	
月	日	地点	月	日	地点	人数	工具	金额	天数	补助标准	金额	住宿费用		合计

月	日	地点	月	日	地点	人数	工具	金额	天数	补助标准	金额	住宿费用	合计
1	7	东发市	1	7	河海市	1	火车	218.00	3	200/天	600.00	636.00	1454.00
1	9	河海市	1	9	东发市	1	火车	218.00					218.00
合计													1672.00

报销总额　人民币（大写）人民币壹仟陆佰柒拾贰元整　　现金收讫　预借金额 ￥2000.00　退√/补 金额 ￥328.00

附单据张数合计（对应上方的项目）3 张

领导批示 **江东发**　财务主管 白小艺... 会计 白小艺　出纳 孙晓艳　退（补）款人 **何海涛**

图2-44　原始凭证19-3

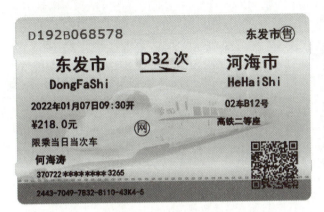

D192B068578　东发市售

东发市　D32次　河海市

DongFaShi　HeHaiShi

2022年01月07日09:30开　02车B12号

¥218.0元　网　高铁二等座

限乘当日当次车

何海涛

370722********3265

2443-7049-7832-8110-43K4-5

图2-45　原始凭证19-4

K109132　河海市售

河海市　D57次　东发市

HeHaiShi　DongFaShi

2022年01月09日09:30开　07车B12号

¥218.0元　网　高铁二等座

限乘当日当次车

何海涛

370722********3265

2443-8041-7832-8100-43K4-7

图2-46　原始凭证19-5

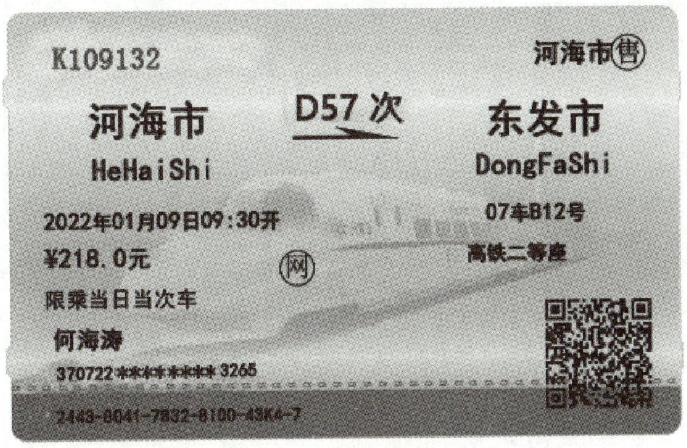

此收据不得作为经营性业务收支计算凭证使用

收据

2022 年 01 月 10 日　　字　No 97539095

今收到　何海涛

交　来　退回差旅费借款

人民币　（大写）叁佰贰拾捌元整

现金收讫　¥328.00

收款单位财务章　东发标准件制造有限公司 财务专用章

收款人	孙晓艳	交款人	何海涛

第三联　记账联

图2-47　原始凭证19-6

出差借款单

申请部门：　　　　　　　　　　　　年　　月　　日

借支人		电话		员工号		国内（√）国外（ ）
出差地点				起止日期		
出差事由						
会议食宿费及差旅费负担情况						
预借金额	（大写）			¥		
	部门领导：				借支人：	

财务部领导：　　　　　　会计：　　　　　　出纳：

图2-48　原始凭证20（填写借款单）

3700212130

河海增值税专用发票

No 56743211

3700212130
56743211

开票日期：2022 年 01 月 10 日

购买方	名　称：东发标准件制造有限公司 纳税人识别号：92485747736358123B 地址、电话：东发市经济技术开发区长江路 55 号 0123-3456789 开户行及账号：中国工商银行东发支行 663243429858253894				密码区	95+948*452<495738*394>464775744642646 47*4646/647568878<49573757+9088777264 647*4646/48*452<49573839446/67568878< 4957-3757+264647*4646/48*48*452<49575		
货物或应税劳务、服务名称	规格型号	单位	数量	单价	金额	税率	税额
＊钢材＊圆钢	Φ16mm	吨	6	5690.00	34140.00	13%	4438.20
合　计					¥34140.00		¥4438.20
价税合计（大写）	⊗ 叁万捌仟伍佰柒拾捌元贰角整					（小写）¥38578.20		
销售方	名　称：南风钢铁有限责任公司 纳税人识别号：65653703030311233V 地址、电话：河海市幸福路 33 号 6531-34565655 开户行及账号：中国工商银行河海分行 8633958450540646474			备注				

收款人：赵丰　　　复核：刘明维　　　开票人：钱枫　　　销售方：（章）

图2-49　原始凭证21-1

3700212130

河海增值税专用发票

No 56743211

3700212130
56743211

开票日期：2022 年 01 月 10 日

购买方	名　称：东发标准件制造有限公司 纳税人识别号：92485747736358123B 地址、电话：东发市经济技术开发区长江路 55 号 0123-3456789 开户行及账号：中国工商银行东发支行 663243429858253894				密码区	95+948*452<495738*394>464775744642646 47*4646/647568878<49573757+9088777264 647*4646/48*452<49573839446/67568878< 4957-3757+264647*4646/48*48*452<49575		
货物或应税劳务、服务名称	规格型号	单位	数量	单价	金额	税率	税额
＊钢材＊圆钢	Φ16mm	吨	6	5690.00	34140.00	13%	4438.20
合　计					¥34140.00		¥4438.20
价税合计（大写）	⊗ 叁万捌仟伍佰柒拾捌元贰角整					（小写）¥38578.20		
销售方	名　称：南风钢铁有限责任公司 纳税人识别号：65653703030311233V 地址、电话：河海市幸福路 33 号 6531-34565655 开户行及账号：中国工商银行河海分行 8633958450540646474			备注				

收款人：赵丰　　　复核：刘明维　　　开票人：钱枫　　　销售方：（章）

图2-50　原始凭证21-2

中国工商银行 网上银行电子回单

电子回单号码：0030-3978-2334-3478　　　　　　　　打印时间：2022 年 01 月 10 日

付款人	户名	东发标准件制造有限公司	收款人	户名	南风钢铁有限责任公司
	账号	663243429858253894		账号	8633958450540646474
	开户银行	中国工商银行东发支行		开户银行	中国工商银行河海分行
金额		￥8,578.20	金额（大写）		人民币捌仟伍佰柒拾捌元贰角整
摘要		补付货款	业务（产品）种类		
用途					
交易流水		375747868	时间戳		2022-01-10 13：56
备注：补付货款					
验证码：weDGFwf jrtkghk jrthnWEURH					
记账网点	00008	记账柜员	2354536	记账日期	2022 年 1 月 10 日

图2-51　原始凭证21-3

材料验收入库单

凭证编号：20220110
仓库编号：1

供货单位：　　　　　　　　　　年　　月　　日

增值税		发票号		验收日期　年　月　日		存放地点　1号仓库			
材料编号	材料名称	规格	型号	单位	数量		金额		
					凭证	实收	单价	总价	
差异		备注							

第三联　财务科核算

财务主管　　　　　　仓库验收　　　　　　采购经办

图2-52　原始凭证21-4（填写入库单）

产成品入库单

交库单位：生产车间　　　　　　2022 年 01 月 10 日　　　　　　编号 001

产品名称	型号规格	数量	单位	检验结果		实收数量	金额
				合格	不合格		
双头螺柱	M12×110	36000	个	36000		36000	
双头螺柱	M12×200	32000	个	32000		32000	
双头螺柱	M16×110	27000	个	27000		27000	
双头螺柱	M16×200	18000	个	18000		18000	

第三联　交财务部门

生产车间：**杜三强**　　　　　　仓库：**刘东瑞**

图2-53　原始凭证22

东发增值税专用发票

1100212130 　　No 13456234

1100212130
13456234

抵扣联

开票日期：2022 年 01 月 11 日

购买方	名　　　称：东发标准件制造有限公司 纳税人识别号：924857477363358123B 地址、电话：东发市经济技术开发区长江路 55 号 0123-3456789 开户行及账号：中国工商银行东发支行 663243429858253894	密码区	95+948*452<495738*394>464775744642646 47*4646/647568878<49573757+9088777264 647*4646/48*452<49573839446/67568878< 4957-3757+264647*4646/48*48*452<49575

货物或应税劳务、服务名称	规格型号	单位	数量	单价	金额	税率	税额
*钢材*圆钢	Φ12mm	吨	6	5000.00	30000.00	13%	3900.00
*钢材*圆钢	Φ16mm	吨	5	5600.00	28000.00	13%	3640.00
合　计					￥58000.00		￥7540.00

价税合计（大写）	⊗陆万伍仟伍佰肆拾元整	（小写）￥65540.00

销售方	名　　　称：江东钢铁有限责任公司 纳税人识别号：37098630305356657B 地址、电话：东发市雨花路 77 号 0123-65455466 开户行及账号：中国建设银行东发支行 5406424647486338450	备注	

收款人：王芳　　　复核：李逸风　　　开票人：王晓丽　　　销售方：（章）

第二联：抵扣联　购买方扣税凭证

税总函〔2021〕62 号京都印钞有限公司

图2-54　原始凭证23-1

东发增值税专用发票

1100212130 　　No 13456234

1100212130
13456234

发票联

开票日期：2022 年 01 月 11 日

购买方	名　　　称：东发标准件制造有限公司 纳税人识别号：924857477363358123B 地址、电话：东发市经济技术开发区长江路 55 号 0123-3456789 开户行及账号：中国工商银行东发支行 663243429858253894	密码区	95+948*452<495738*394>464775744642646 47*4646/647568878<49573757+9088777264 647*4646/48*452<49573839446/67568878< 4957-3757+264647*4646/48*48*452<49575

货物或应税劳务、服务名称	规格型号	单位	数量	单价	金额	税率	税额
*钢材*圆钢	Φ12mm	吨	6	5000.00	30000.00	13%	3900.00
*钢材*圆钢	Φ16mm	吨	5	5600.00	28000.00	13%	3640.00
合　计					￥58000.00		￥7540.00

价税合计（大写）	⊗陆万伍仟伍佰肆拾元整	（小写）￥65540.00

销售方	名　　　称：江东钢铁有限责任公司 纳税人识别号：37098630305356657B 地址、电话：东发市雨花路 77 号 0123-65455466 开户行及账号：中国建设银行东发支行 5406424647486338450	备注	

收款人：王芳　　　复核：李逸风　　　开票人：王晓丽　　　销售方：（章）

第三联：发票联　购买方记账凭证

税总函〔2021〕62 号京都印钞有限公司

图2-55　原始凭证23-2

中国工商银行 网上银行电子回单

电子回单号码：0030-3978-2334-3482　　　　　　打印时间：2022 年 01 月 11 日

付款人	户名	东发标准件制造有限公司	收款人	户名	江东钢铁有限责任公司
	账号	663243429858253894		账号	5406424647486338
	开户银行	中国工商银行东发支行		开户银行	中国建设银行东发支行
金额		￥65,540.00	金额（大写）		人民币陆万伍仟伍佰肆拾元整
摘要		货款	业务（产品）种类		
用途					
交易流水		375747878	时间戳		2022-01-11 15：56
		备注：货款			
		验证码：weDGFwf jrtkghk jrthnWEURH			
记账网点	00008	记账柜员	2354536	记账日期	2022 年 1 月 11 日

图2-56　原始凭证23-3

材料验收入库单

供货单位：江东钢铁有限责任公司　　　　2022 年 01 月 11 日　　　　　凭证编号：20220111　　仓库编号：1

增值税 7540.00		发票号 13460345		验收日期 2022 年 01 月 11 日			存放地点 1 号仓库		第三联 财务科核算
材料编号	材料名称	规格	型号	单位	数量		金额		
					凭证	实收	单价	总价	
101	圆钢		Φ12mm	吨	6	6	5000.00	30000.00	
102	圆钢		Φ16mm	吨	5	5	5600.00	28000.00	
差异		备注							

财务主管　**张　凡**　　　　仓库验收　**刘东瑞**　　　　采购经办　**何海涛**

图2-57　原始凭证23-4

东发增值税专用发票

1100212130

No 13033886

1100212130
13033886

此联不做报销、抵税凭证使用　　开票日期：2022 年 01 月 11 日

第一联：记账联　销售方记账凭证

税总函 [2021] 62 号京都印钞有限公司

购买方	名　　称：雪亮有限责任公司 纳税人识别号：47564598654689547W 地址、电话：东发市为实路 4 号 0123-84554776 开户行及账号：中国工商银行为实路支行 9584505654787878587				密码区	95+948*452<495738*394>464775744642646 47*4646/647568878<49573757+9088777264 647*4646/48*452<49573839446/67568878< 4957-3757+264647*4646/48*48*452<49575	
货物或应税劳务、服务名称	规格型号	单位	数量	单价	金额	税率	税额
*机械零件*双头螺柱	M12×110	个	30000	1.00	30000.00	13%	3900.00
合　计					¥30000.00		¥3900.00
价税合计（大写）	⊗叁万叁仟玖佰元整					（小写）¥33900.00	
销售方	名　　称：东发标准件制造有限公司 纳税人识别号：924857477363358123B 地址、电话：东发市经济技术开发区长江路 55 号 0123-3456789 开户行及账号：中国工商银行东发支行 6632434298858253894				备注		

收款人：孙晓艳　　　复核：张凡　　　开票人：白小艺　　　销　售　方：（章）

图2-58　原始凭证24-1

购销合同

合同编号 220111

购货单位（甲方）：雪亮有限责任公司

供货单位（乙方）：东发标准件制造有限公司

根据《中华人民共和国合同法》及国家相关法律法规之规定，甲乙双方本着平等互利的原则、就甲方购买乙方货物一事达成以下协议。

一、货物的名称、数量及价格：

货物名称	规格型号	单位	数量	单价	金额	税率	价税合计
双头螺柱	M12×110	个	30000	1.00	30000.00	13%	33900.00
合计（大写）人民币叁万叁仟玖佰元整					（¥33900.00）		

二、交货方式和费用承担：交货方式：供货方送货，交货时间：2022 年 01 月 11 日，交货地点：购货方仓库。

三、付款时间与付款方式：附有现金折扣（2/10，1/20，n/30），计算折扣时不含增值税。

四、质量异议期：订货方对供货方的货物质量有异议时，应在收到货物后五天提出，逾期视为货物质量合格。

五、未尽事宜经双方协调可作补充协议，与本合同具有同等效力。

六、本合同自双方签字、盖章之日起生效，本合同壹式贰份，甲乙双方各执壹份。

甲方（签章）　　　　　　　　　　　　　乙方（签章）

授权代表：□新河　　　　　　　　　　　授权代表：冯明宇

地址：东发市为实路 4 号　　　　　　　地址：东发市经济技术开发区长江路 55 号

电话：0123-84554776　　　　　　　　电话：0123-3456789

日期：2022 年 1 月 11 日　　　　　　　日期：2022 年 1 月 11 日

图2-59　原始凭证24-2

产品出库单

编号：20220111

客户名称：雪亮有限责任公司　　　　　2022 年 01 月 11 日

商品名称	规格	单位	数量	备注
双头螺柱	M12×110	个	30000	

发货人：**刘东瑞**　　　　经办人：**冯明宇**

第三联　交财务部门

图2-60　原始凭证24-3

1100212130　　　**东发增值税专用发票**　*No* 24556312

1100212130
24556312

全国统一发票监制章　东发　国家税务总局监制

抵扣联

开票日期：2022 年 01 月 11 日

税总函〔2021〕62 号京都印钞有限公司

购买方	名　称：东发标准件制造有限公司 纳税人识别号：924857477363358123B 地址、电话：东发市经济技术开发区长江路 55 号 0123-3456789 开户行及账号：中国工商银行东发支行 663243429858253894	密码区	95+948*452<495738*394>464775744642646 47*4646*647568878<49573757+9088777264 647*4646*48*452<49573839446/67568878< 4957-3757+ 264647*4646*48*48*452<49575

货物或应税劳务、服务名称	规格型号	单位	数量	单价	金额	税率	税额
*维修服务 *技术维护费用		次	1	500.00	500.00	6%	30.00
合　计					¥500.00		¥30.00

价税合计（大写）	⊗伍佰叁拾元整	（小写）¥530.00

销售方	名　称：科云电子有限责任公司 纳税人识别号：346568764897976982A 地　址、电话：东发市飞花路 3 号 0123-54666545 开户行及账号：中国工商银行东发支行 4647486338450540642	备注	科云电子有限责任公司 346568764897976982A 发票专用章

第二联：抵扣联　购买方扣税凭证

收款人：屈晓潇　　复核：白枫　　开票：苏利明　　　　　销　售　方：（章）

图2-61　原始凭证25-1

东发增值税专用发票

1100212130

№ 24556312

1100212130
24556312

全国统一发票监制章
东发
国家税务总局监制
发票联

开票日期：2022 年 01 月 11 日

购买方	名　　　称：东发标准件制造有限公司 纳税人识别号：924857477363358123B 地址、电话：东发市经济技术开发区长江路 55 号 0123-3456789 开户行及账号：中国工商银行东发支行 663243429858253894	密码区	95+948*452<495738*394>464775744642646 47*4646/647568878<49573757+9088777264 647*4646/48*452<49573839446/67568878< 4957-3757+ 264647*4646/48*48*452<49575

货物或应税劳务、服务名称	规格型号	单位	数量	单价	金额	税率	税额
*维修服务*技术维护费用		次	1	500.00	500.00	6%	30.00
合　计					￥500.00		￥30.00

价税合计（大写）	⊗ 伍佰叁拾元整	（小写）￥530.00

销售方	名　　　称：科云电子有限责任公司 纳税人识别号：346568764897976982A 地址、电话：东发市飞花路 3 号 0123-54666545 开户行及账号：中国工商银行东发支行 4647486338450540642	备注	科云电子有限责任公司 346568764897976982A 发票专用章

收款人：屈晓潇　　复核：白枫　　开票人：苏利明　　销售方：（章）

税总函〔2021〕62 号京都印钞有限公司

第三联：发票联　购买方记账凭证

图2-62　原始凭证25-2

支付宝收支明细证明

敬启者：

兹证明：东发标准件制造有限公司（统一社会信用代码：924857477363358123B）的支付宝账号收支明细信息如下：

基本信息

支付宝账户：Dfbzjzzyxgsf@163.com

收支明细对应的期间：自【2022-01-11 00：00：00】至【2022-01-11 23：59：59】

收入总金额：0.00　　　　　支出总金额：530.00

收入总笔数：0　　　　　　　支出总笔数：1

收入总金额大写：零　　　　支出总金额大写：伍佰叁拾元整

具体收支明细

流水号	时间	名称 / 备注	收入	支出	账户余额	资金渠道
20220111003215 4824	2022-01-11-14：30	支付设备维护费		-530.00	2940.00	支付宝

《支付宝收支明细》仅证明用户在下载该支付明细时其支付宝账户的收支情况。

《支付宝收支明细》有任何修改或涂改的，均为无效证明。

《支付宝收支明细》仅供参考，如与用户支付宝账户记录不一致的，以支付宝账户记录为准

支付宝（中国）网络科技有限公司
业务凭证专用章盖章处

业务凭证专用章

图2-63　原始凭证25-3

中国工商银行

现金支票存根

10200020

35645231

深圳光华印制有限公司 · 2011 年印制

附加信息 _____

_____

_____

出票日期 2022 年 01 月 11 日

收款人：
东发标准件制造有限公司

金　额：￥5 000.00

用　途：备用金

单位主管　江东发　会计　白小艺

图2-64　原始凭证26

东发增值税专用发票

1100212130

No 33073356

1100212130
33073356

全国统一发票监制章
东 发
国家税务总局监制

抵扣联

开票日期：2022 年 01 月 12 日

税总函〔2021〕62号京都印钞有限公司

第二联：抵扣联　购买方扣税凭证

购买方	名　　称：东发标准件制造有限公司 纳税人识别号：924857477363358123B 地 址、电 话：东发市经济技术开发区长江路 55 号 0123-3456789 开户行及账号：中国工商银行东发支行 663243429858253894	密码区	95+948*452<495738*394>464775744642646 47*4646/647568878<49573757+9088777264 647*4646/48*452<49573839446/67568878< 4957-3757+264647*4646/48*48*452<49575

货物或应税劳务、服务名称	规格型号	单位	数量	单价	金额	税率	税额
*维修服务*维修费		次	1	2000.00	2000.00	13%	260.00
合　计					￥2000.00		￥260.00

价税合计（大写）	⊗ 贰仟贰佰陆拾元整	（小写）￥2260.00

销售方	名　　称：通显安装服务有限责任公司 纳税人识别号：54637825883483824W 地 址、电 话：东发市维城路 38 号 0123-57576767 开户行及账号：中国工商银行东发支行 8633957788979898988	备注	通显安装服务有限责任公司 54637825883483824W 发票专用章

收款人：李强　　复核：滑晓然　　开票人：田辉　　　　销 售 方：（章）

图2-65　原始凭证27-1

1100212130　　**东发增值税专用发票**　No 33073356

1100212130
33073356

第三联：发票联　购买方记账凭证

开票日期：2022 年 01 月 12 日

| 购买方 | 名　称：东发标准件制造有限公司
纳税人识别号：924857477363358123B
地　址、电　话：东发市经济技术开发区长江路 55 号 0123-3456789
开户行及账号：中国工商银行东发支行 663243429858253894 | 密码区 | 95+948*452<495738*394>464775744642646
47*4646/647568878<49573757+9088777264
647*4646/48*452<49573839446/67568878<
4957-3757+264647*4646/48*48*452<49575 |

货物或应税劳务、服务名称	规格型号	单位	数量	单价	金额	税率	税额
*维修服务*维修费		次	1	2000.00	2000.00	13%	260.00
合　计					￥2000.00		￥260.00

价税合计（大写）　　⊗ 贰仟贰佰陆拾元整　　　　　　　　（小写）￥2260.00

| 销售方 | 名　称：通显安装服务有限责任公司
纳税人识别号：54637825883483824W
地　址、电　话：东发市维城路 38 号 0123-57576767
开户行及账号：中国工商银行东发支行 8633957788979898988 | 备注 | 通显安装服务有限责任公司
54637825883483824W
发票专用章 |

收款人：李强　　复核：滑晓然　　开票人：田辉　　　　　销售方：（章）

税总函 [2021] 62 号京都印钞有限公司

图2-66　原始凭证27-2

中国工商银行

转账支票存根

10200020

35645767

深圳光华印制有限公司·2011 年印制

附加信息

_____

_____

_____

出票日期 2022 年 01 月 12 日

收款人：通显安装服务有限责任公司

金　额：￥2 260.00

用　途：支付维修费

单位主管　江东发　会计　白小艺

图2-67　原始凭证27-3

投资协议书

投出单位：华都投资有限责任公司

投入单位：东发标准件制造有限公司

经股东大会决议通过，接受华都投资有限责任公司 2500000 元货币资金投资，享有东发标准件制造有限公司增资扩股后注册资本 10000000 元的 20% 的份额，其余列作资本公积。

华都投资有限责任公司
2022 年 1 月 12 日

东发标准件制造有限公司
2022 年 1 月 12 日

图2-68　原始凭证28-1

中国工商银行 **转账支票**　10200020
35324596

出票日期（大写）贰零贰贰年零壹月壹拾贰日　付款行名称：中国工商银行东海支行
收款人：东发标准件制造有限公司　出票人账号：6457548792536996574

付款期限自出票之日起十天	人民币（大写）	贰佰伍拾万元整	亿	千	百	十	万	千	百	十	元	角	分
				￥	2	5	0	0	0	0	0	0	0

用途 投入资本金
上列款项请从
我账户内支付
出票人签章

密码 _____
行号 _____ 102340020010
复核　　　记账

图2-69　原始凭证28-2

ICBC 中国工商银行　进账单（收账通知）
年　月　日　NO.

出票人	全称		收款人	全称	
	账号			账号	
	开户银行			开户银行	

金额	人民币（大写）		亿	千	百	十	万	千	百	十	元	角	分

票据种类		票据张数	
票据号码			

复核：　　　记账

收款人开户银行签章

此联是收款人开户银行交给收款人的收账通知

图2-70　原始凭证28-3（填写进账单）

1100212130　**东发增值税专用发票**　№ 34215643

1100212130
34215643

抵扣联

开票日期：2022 年 01 月 12 日

购买方	名　称：东发标准件制造有限公司 纳税人识别号：924857477363358123B 地址、电话：东发市经济技术开发区长江路 55 号 0123-3456789 开户行及账号：中国工商银行东发支行 663243429858253894	密码区	95+948*452<495738*394>464775744642646 47*4646/647568878<49573757+9088777264 647*4646/48*452<49573839446/67568878< 4957-3757+264647*4646/48*48*452<49575

货物或应税劳务、服务名称	规格型号	单位	数量	单价	金额	税率	税额
*培训服务 *培训费		次	1	3000.00	3000.00	6%	180.00
合　计					￥3000.00		￥180.00

价税合计（大写）	⊗ 叁仟壹佰捌拾元整	（小写）￥3180.00

销售方	名　称：中奥教育有限责任公司 纳税人识别号：6337066598030535 7D 地址、电话：东发市洸河路 25 号 0123-1454657 开户行及账号：中国建设银行东发支行 6354064238450464748	备注	

收款人：姜丽　　复核：王方　　开票人：宋潇晓　　销　售　方：（章）

税总函〔2021〕62 号京都印钞有限公司

第二联：抵扣联　购买方扣税凭证

图2-71　原始凭证29-1

1100212130

东发增值税专用发票 No 34215643

1100212130
34215643

全国统一发票监制章
东发
国家税务总局监制
发票联

开票日期：2022 年 01 月 12 日

购买方	名　　　称：东发标准件制造有限公司 纳税人识别号：924857477363358123B 地　址、电　话：东发市经济技术开发区长江路 55 号 0123-3456789 开户行及账号：中国工商银行东发支行 663243429858253894	密码区	95+948*452<495738*394>464775744642646 47*4646/647568878<49573757+9088777264 647*4646/48*452<49573839446/67568878< 4957-3757+264647*4646/48*48*452<49575

货物或应税劳务、服务名称	规格型号	单位	数量	单价	金额	税率	税额
*培训服务*培训费		次	1	3000.00	3000.00	6%	180.00
合　计					￥3000.00		￥180.00

价税合计（大写）	⊗ 叁仟壹佰捌拾元整		（小写）￥3180.00

销售方	名　　　称：中奥教育有限责任公司 纳税人识别号：63370665980305357D 地　址、电　话：东发市洸河路 25 号 0123-1454657 开户行及账号：中国建设银行东发支行 6354064238450464748	备注	中奥教育有限责任公司 63370665980305357D 发票专用章

收款人：姜丽　　　　复核：王方　　　　开票人：宋潇晓　　　　销　售　方：（章）

税总函[2021]62号京都印钞有限公司

第三联：发票联　购买方记账凭证

图2-72　原始凭证29-2

中国工商银行

转账支票存根

10200020

35645768

附加信息
_____
_____
_____

出票日期 2022 年 01 月 12 日

收款人：	中奥教育有限责任公司
金　额：	￥3 180.00
用　途：	支付培训费

单位主管　江东发　会计　白小艺

深圳光华印制有限公司·2011 年印制

图2-73　原始凭证29-3

中国工商银行　　　东发支行　　　　　　　电子缴税回单

NO.20220112004

扣账日期：2022 年 01 月 12 日　　　清算日期：2022年 01 月 12 日

付款人	全　称	东发标准件制造有限公司	收款人	全　称	国家税务总局东发市税务局
	账　号	6632434298585253894		账　号	1100335643742723784
	开户银行	中国工商银行东发支行		开户银行	中华人民共和国国家金库东发市支库

金额	人民币（大写）	玖万贰仟叁佰壹拾玖元陆角捌分	千	百	十	万	千	百	十	元	角	分
				¥	9	2	3	1	9	6	8

内容	代扣税款	电子税票号	4565567	纳税人编号	91401012	纳税人名称	东发标准件制造有限公司

税种	所属期	纳税金额	备注	税种	所属期	纳税金额	备注
增值税	20220501-20220531	¥50,000.00					
企业所得税	20220501-20220531	¥36,250.00					
城市维护建设税	20220501-20220531	¥3,500.00					
教育费附加	20220501-20220531	¥1,500.00					
地方教育费附加	20220501-20220531	¥1,000.00					
个人所得税	20220501-20220531	¥69.68					

打印日期：2022 年 01 月 12 日

图2-74　原始凭证30

中华人民共和国
税 收 完 税 证 明

No.337085220112072345

填表日期：2022 年 01 月 12 日　税务机关：国家税务总局东发市税务局

纳税人识别号	92485747736335823B		纳税人名称		东发标准件制造有限公司	
原始凭证	税种	品目名称	税款所属时期	入（退）库日期	实缴（退）金额	
36594853455	代征款项	社会保险费（个人）	2021-12-01 至 2021-12-31	2022-01-12	11676.00	
36594853456	代征款项	社会保险费（企业）	2021-12-01 至 2021-12-31	2022-01-12	29468.01	
36594853457	代征款项	住房公积金（个人）	2021-12-01 至 2021-12-31	2022-01-12	13344.00	
36594853458	代征款项	住房公积金（企业）	2021-12-01 至 2021-12-31	2022-01-12	13344.00	
金额合计	（大写）陆万柒仟捌佰叁拾贰元零壹分				￥67832.01	
	填票人 纳税人网上开具	备注 主管税务所（科、分局）：国家税务总局东发市税务局税源管理科				

收据联　交纳税人作完税证明

妥善保管

图2-75　原始凭证31

1100212130

东发增值税专用发票 *No* 45678301

1100212130
45678301

全国统一发票监制章
东 发
国家税务总局监制

抵扣联

开票日期：2022 年 01 月 12 日

购买方	名　　　　称：东发标准件制造有限公司 纳税人识别号：924857477363358123B 地址、电话：东发市经济技术开发区长江路 55 号 0123-3456789 开户行及账号：中国工商银行东发支行 663243429858253894	密码区	95+948*452<495738*394>464775744642646 47*4646*647568878<49573757+9088777264 647*4646*48*452<49573839446/67568878< 4957-3757+264647*4646/48*48*452<49575

货物或应税劳务、服务名称	规格型号	单位	数量	单价	金额	税率	税额
* 塑料类用品 * 包装箱	100×100	个	50	200.00	10000.00	13%	1300.00
合　计					¥10000.00		¥1300.00

价税合计（大写）	⊗ 壹万壹仟叁佰元整	（小写）¥11300.00

销售方	名　　　　称：东宇商贸有限责任公司 纳税人识别号：65444333232333333B 地址、电话：东发市雨花路 35 号 0123-65479790 开户行及账号：中国工商银行东发支行 863395586869467970	备注	东宇商贸有限责任公司 65444333232333333B 发票专用章

收款人：王慧慧　　　　复核：许丽　　　　开票人：郑明宇　　　　销售方：（章）

税总函 [2021] 62 号京都印钞有限公司

第二联：抵扣联　购买方扣税凭证

图2-76　原始凭证32-1

1100212130

东发增值税专用发票 *No* 45678301

1100212130
45678301

全国统一发票监制章
东 发
国家税务总局监制
发票联

开票日期：2022 年 01 月 12 日

购买方	名　　　　称：东发标准件制造有限公司 纳税人识别号：924857477363358123B 地址、电话：东发市经济技术开发区长江路 55 号 0123-3456789 开户行及账号：中国工商银行东发支行 663243429858253894	密码区	95+948*452<495738*394>464775744642646 47*4646*647568878<49573757+9088777264 647*4646*48*452<49573839446/67568878< 4957-3757+264647*4646/48*48*452<49575

货物或应税劳务、服务名称	规格型号	单位	数量	单价	金额	税率	税额
* 塑料类用品 * 包装箱	100×100	个	50	200.00	10000.00	13%	1300.00
合　计					¥10000.00		¥1300.00

价税合计（大写）	⊗ 壹万壹仟叁佰元整	（小写）¥11300.00

销售方	名　　　　称：东宇商贸有限责任公司 纳税人识别号：65444333232333333B 地址、电话：东发市雨花路 35 号 0123-65479790 开户行及账号：中国工商银行东发支行 863395586869467970	备注	东宇商贸有限责任公司 65444333232333333B 发票专用章

收款人：王慧慧　　　　复核：许丽　　　　开票人：郑明宇　　　　销售方：（章）

税总函 [2021] 62 号京都印钞有限公司

第三联：发票联　购买方记账凭证

图2-77　原始凭证32-2

中国工商银行

转账支票存根

10200020

35645769

附加信息

_____

_____

出票日期	年	月	日
收款人：			
金　额：			
用　途：			

单位主管　　　会计

付款期限自出票之日起十天

中国工商银行 **转账支票**

10200020
35645769

出票日期（大写）　　年　月　日

收款人：

付款行名称：中国工商银行东发支行

出票人账号：6632434298585253894

人民币 （大写）		亿	千	百	十	万	千	百	十	元	角	分

用途 _____

上列款项请从

我账户内支付

出票人签章

密码 _____

行号 _102340020010_

复核　　　　　记账

图2-78　原始凭证32-3（填写支票）

包装物验收入库单

凭证编号：20220112

供货单位：　　　　　　　　　　　　　年　月　日　　　　　　仓库编号：2

增值税		发票号		验收日期		存放地点 2 号仓库			
包装物编号	包装物名称	规格	型号	单位	数量		金额		
					凭证	实收	单价	总价	
差异		备注							

财务主管　　　　　　　仓库验收　　　　　　　采购经办

第三联　财务科核算

图2-79　原始凭证32-4（填写入库单）

领料单

材料类别：原材料

领用部门：生产车间　　　　　2022 年 01 月 13 日　　　　领用单：103

材料名称	规格	单位	数量		单价	总价	用途
			请领	实发			
圆钢	Φ12mm	吨	5	5	5000	25000.00	生产 M12×110
圆钢	Φ12mm	吨	4	4	5000	20000.00	生产 M12×200
圆钢	Φ16mm	吨	2	2	5600	11200.00	生产 M16×110
圆钢	Φ16mm	吨	3	3	5690	17070.00	生产 M16×110
圆钢	Φ16mm	吨	3	3	5690	17070.00	生产 M16×200
圆钢	Φ16mm	吨	2	2	5600	11200.00	生产 M16×200
发料部门	刘东瑞	领用部门	杜三强	备注			

第三联　交财务部门

图2-80　原始凭证33

购销合同

合同编号 220113

购货单位（甲方）：常顺有限责任公司

供货单位（乙方）：东发标准件制造有限公司

根据《中华人民共和国合同法》及国家相关法律法规之规定，甲乙双方本着平等互利的原则、就甲方购买乙方货物一事达成以下协议。

一、货物的名称、数量及价格：

货物名称	规格型号	单位	数量	单价	金额	税率	价税合计
双头螺柱	M16×110	个	30000	2.00	60000.00	13%	67800.00
双头螺柱	M16×200	个	20000	3.50	70000.00	13%	79100.00
合计（大写）人民币壹拾肆万陆仟玖佰元整					（￥146900.00）		

二、交货方式和费用承担：交货方式：供货方送货，交货时间：2022 年 01 月 17 日，交货地点：购货方仓库。

三、付款时间与付款方式：订立合同时预付货款 60000 元，收货验收后补全货款

四、质量异议期：订货方对供货方的货物质量有异议时，应在收到货物后当天提出，逾期视为货物质量合格。

五、未尽事宜经双方协调可作补充协议，与本合同具有同等效力。

六、本合同自双方签字、盖章之日起生效，本合同壹式贰份，甲乙双方各执壹份。

甲方（签章）　　　　　　　　　　　　乙方（签章）

授权代表：王听河　　　　　　　　　　授权代表：冯宇宇

地址：东发市经三路 88 号　　　　　　地址：东发市经济技术开发区长江路 55 号

电话：0123-86565655　　　　　　　　电话：0123-3456789

日期：2022 年 1 月 13 日　　　　　　日期：2022 年 1 月 13 日

图2-81　原始凭证34-1

ICBC 中国工商银行　　进账单（收账通知）

2022 年 01 月 13 日　　NO.34579

出票人	全称	常顺有限责任公司	收款人	全称	东发标准件制造有限公司
	账号	9584505406464748633		账号	663243429858253894
	开户银行	中国工商银行经三路支行		开户银行	中国工商银行东发支行

金额	人民币（大写）	陆万元整	亿	千	百	十	万	千	百	十	元	角	分
							6	0	0	0	0	0	0

票据种类	转账支票	票据张数	壹张
票据号码		58914786	

复核：　　记账　　　　　　　　　　　收款人开户银行签章

图2-82　原始凭证34-2

ICBC 中国工商银行　　进账单（收账通知）

年　　月　　日　　NO.

出票人	全称		收款人	全称	
	账号			账号	
	开户银行			开户银行	

金额	人民币（大写）		亿	千	百	十	万	千	百	十	元	角	分

票据种类		票据张数	
票据号码			

复核：　　记账　　　　　　　　　　　收款人开户银行签章

图2-83　原始凭证35（填写进账单）

1100212130　　　**东发增值税专用发票**　№ 45678367

1100212130
45678367

抵扣联

开票日期：2022 年 01 月 15 日

购买方	名　　　　称：东发标准件制造有限公司 纳税人识别号：924857477363358123B 地　址、电话：东发市经济技术开发区长江路 55 号 0123-3456789 开户行及账号：中国工商银行东发支行 663243429858253894				密码区	95+948*452<495738*394>464775744642646 47*4646/647568878<49573757+9088777264 647*4646/48*452<49573839446/67568878< 4957-3757+264647*4646/48*48*452<49575		
货物或应税劳务、服务名称	规格型号	单位	数量	单价	金额	税率	税额
*家具*办公桌		张	2	500.00	1000.00	13%	130.00
*家具*办公椅		把	2	200.00	400.00	13%	52.00
合　计					￥1400.00		￥182.00
价税合计（大写）			⊗ 壹仟伍佰捌拾贰元整				（小写）￥1582.00
销售方	名　　　　称：东宇商贸有限责任公司 纳税人识别号：65444333232333333B 地　址、电话：东发市雨花路 35 号 0123-65479790 开户行及账号：中国工商银行东发支行 863395586869467970			备注			

收款人：王慧慧　　　　复核：许丽　　　　开票人：郑明宇　　　　销 售 方：（章）

税总函 [2021] 62 号京都印钞有限公司

第二联：抵扣联　购买方扣税凭证

图2-84　原始凭证36-1

1100212130　　　**东发增值税专用发票**　№ 45678367

1100212130
45678367

发票联

开票日期：2022 年 01 月 15 日

购买方	名　　　　称：东发标准件制造有限公司 纳税人识别号：924857477363358123B 地　址、电话：东发市经济技术开发区长江路 55 号 0123-3456789 开户行及账号：中国工商银行东发支行 663243429858253894				密码区	95+948*452<495738*394>464775744642646 47*4646/647568878<49573757+9088777264 647*4646/48*452<49573839446/67568878< 4957-3757+264647*4646/48*48*452<49575		
货物或应税劳务、服务名称	规格型号	单位	数量	单价	金额	税率	税额
*家具*办公桌		张	2	500.00	1000.00	13%	130.00
*家具*办公椅		把	2	200.00	400.00	13%	52.00
合　计					￥1400.00		￥182.00
价税合计（大写）			⊗ 壹仟伍佰捌拾贰元整				（小写）￥1582.00
销售方	名　　　　称：东宇商贸有限责任公司 纳税人识别号：65444333232333333B 地　址、电话：东发市雨花路 35 号 0123-65479790 开户行及账号：中国工商银行东发支行 863395586869467970			备注			

收款人：王慧慧　　　　复核：许丽　　　　开票人：郑明宇　　　　销 售 方：（章）

税总函 [2021] 62 号京都印钞有限公司

第三联：发票联　购买方记账凭证

图2-85　原始凭证36-2

支付宝收支明细证明

敬启者：

兹证明：东发标准件制造有限公司（统一社会信用代码：924857477363358123B）的支付宝账号收支明细信息如下：

基本信息

支付宝账户：Dfbzjzzyxgsf@163.com

收支明细对应的期间：自【2022-01-15 00：00：00】至【2022-01-15 23：59：59】

收入总金额：0.00　　　　　　　　　　支出总金额：1582.00

收入总笔数：0　　　　　　　　　　　支出总笔数：1

收入总金额大写：零　　　　　　　　　支出总金额大写：壹仟伍佰捌拾贰元整

具体收支明细

流水号	时间	名称/备注	收入	支出	账户余额	资金渠道
202201150032154820	2022-01-15-13：20	支付家具款		-1582.00	1358.00	支付宝

《支付宝收支明细》仅证明用户在下载该支付明细时其支付宝账户的收支情况。

《支付宝收支明细》有任何修改或涂改的，均为无效证明。

《支付宝收支明细》仅供参考，如与用户支付宝账户记录不一致的，以支付宝账户记录为准

支付宝（中国）网络科技有限公司

业务凭证专用章盖章处

图2-86　原始凭证36-3

低值易耗品验收入库单

凭证编号：20220115

供货单位：东宇商贸有限责任公司　　　　2022 年 01 月 15 日　　　　仓库编号：2

增值税 182.00		发票号 45678367		验收日期 2022 年 01 月 15 日		存放地点 2 号仓库		
低值易耗品编号	低值易耗品名称	规格	型号	单位	数量		金额	
					凭证	实收	单价	总价
301	办公桌			张	2	2	500.00	1000.00
302	办公椅			把	2	2	200.00	400.00
差异		备注						

财务主管　张 凡　　　　仓库验收：刘东瑞　　　　采购经办：何海涛

第三联　财务科核算

图2-87　原始凭证36-4

中国工商银行

转账支票存根

10200020

35645770

深圳光华印制有限公司·2011年印制

附加信息

出票日期 2022 年 01 月 15 日

收款人：
东发标准件制造有限公司

金　额：￥86 110.32

用　途：发 2021 年 12 月工资

单位主管　江东发　会计　白小艺

图2-88　原始凭证37

差旅费报销单

部门：　　　　报销日期：　年　月　日　　　　编号：20220102

出差人						出差事由						项目名称			
出发			到达				交通			出差补助		其他费用			
月	日	地点	月	日	地点	人数	工具	金额	天数	补助标准	金额	住宿费用			合计
合计															
报销总额	人民币（大写）											预借金额			
												退　/补　金额			
附单据张数合计（对应上方的项目）						张									

领导批示　　　　财务主管　　　　会计　　出纳　　退（补）款人

图2-89　原始凭证38-1（填写差旅费报销单）

2200212130　　南海增值税专用发票　No　15673218

2200212130
15673218

抵扣联

开票日期：2022 年 01 月 16 日

购买方	名　称：东发标准件制造有限公司						密码区	95+948*452<495738*394>464775744642646 47*4646/647568878<49573757+9088777264 647*4646/48*452<49573839446/67568878< 4957-3757+264647*4646/48*48*452<49575
	纳税人识别号：924857477363358123B							
	地　址、电话：东发市经济技术开发区长江路 55 号 0123-3456789							
	开户行及账号：中国工商银行东发支行 663243429858253894							
货物或应税劳务、服务名称	规格型号	单位	数量	单价	金额	税率	税额	
*住宿服务 *住宿费	标间	天	5	300.00	1500.00	6%	90.00	
合　计					￥1500.00		￥90.00	
价税合计（大写）		⊗ 壹仟伍佰玖拾元整				（小写）￥1590.00		
销售方	名　称：南海市嘉义酒店有限公司			备注				
	纳税人识别号：97658603036537031C							
	地　址、电话：南海市雨花路 26 号 0256-54554665							
	开户行及账号：中国工商银行南海支行 6446474863384505402							

收款人：何燕　　复核：方明　　开票人：刘华　　　　　　销售方：（章）

税总函 [2021] 62 号京都印钞有限公司

第二联：抵扣联　购买方扣税凭证

图2-90　原始凭证38-2

2200212130　　南海增值税专用发票　No　15673218

2200212130
15673218

发票联

开票日期：2022 年 01 月 16 日

购买方	名　称：东发标准件制造有限公司						密码区	95+948*452<495738*394>464775744642646 47*4646/647568878<49573757+9088777264 647*4646/48*452<49573839446/67568878< 4957-3757+264647*4646/48*48*452<49575
	纳税人识别号：924857477363358123B							
	地　址、电话：东发市经济技术开发区长江路 55 号 0123-3456789							
	开户行及账号：中国工商银行东发支行 663243429858253894							
货物或应税劳务、服务名称	规格型号	单位	数量	单价	金额	税率	税额	
*住宿服务 *住宿费	标间	天	5	300.00	1500.00	6%	90.00	
合　计					￥1500.00		￥90.00	
价税合计（大写）		⊗ 壹仟伍佰玖拾元整				（小写）￥1590.00		
销售方	名　称：南海市嘉义酒店有限公司			备注				
	纳税人识别号：97658603036537031C							
	地　址、电话：南海市雨花路 26 号 0256-54554665							
	开户行及账号：中国工商银行南海支行 6446474863384505402							

收款人：何燕　　复核：方明　　开票人：刘华　　　　　　销售方：（章）

税总函 [2021] 62 号京都印钞有限公司

第三联：发票联　购买方记账凭证

图2-91　原始凭证38-3

代码：321786562083

号码：54324208

监督电话：12328

收款方名称（章）
9134721002CK5A26521

企业电话：4396

车号	A-DK120
证号	K5B4
日期	2022年1月16日
上车	07:50
下车	08:05
单价	3.50元/公里
里程	15.00公里
等候	0:06:09
金额	52.50元

手写无效

含电商费 0.00元
卡号 **

税务违章举报电话：

图2-92 原始凭证38-4

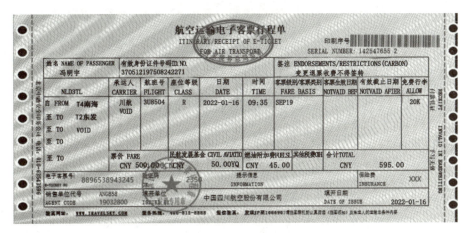

图2-93 原始凭证38-5

图2-94 原始凭证38-6

3700212130

河海增值税专用发票

No 56743420

3700212130
56743420

抵扣联

开票日期：2022 年 01 月 16 日

第二联：抵扣联 购买方扣税凭证

购买方	名　　称：东发标准件制造有限公司	密码区	95+948*452<495738*394>464775744642646
	纳税人识别号：924857477363358123B		47*4646/647568878<49573757+9088777264
	地址、电话：东发市经济技术开发区长江路 55 号 0123-3456789		647*4646/48*452<49573839446/67568878<
	开户行及账号：中国工商银行东发支行 663243429858253894		4957-3757+264647*4646/48*48*452<49575

货物或应税劳务、服务名称	规格型号	单位	数量	单价	金额	税率	税额
＊钢材＊圆钢	Φ12mm	吨	5	5000.00	25000.00	13%	3250.00
＊钢材＊圆钢	Φ16mm	吨	8	5500.00	44000.00	13%	5720.00
合　计					￥69000.00		￥8970.00

| 价税合计（大写） | ⊗柒万柒仟玖佰柒拾元整 | （小写）￥77970.00 |

销售方	名　　称：南风钢铁有限责任公司	备注	
	纳税人识别号：65653703030311233V		
	地址、电话：河海市幸福路 33 号 6531-34565655		
	开户行及账号：中国工商银行河海分行 8633958450540646474		

收款人：赵丰　　　复核：刘明维　　　开票人：钱枫　　　销售方：（章）

税总函[2021]62号京都印钞有限公司

图2-95 原始凭证39-1

河海增值税专用发票　No 56743420

3700212130

3700212130
56743420

开票日期：2022 年 01 月 16 日

购买方	名　　称：东发标准件制造有限公司 纳税人识别号：924857477363358123B 地　址、电　话：东发市经济技术开发区长江路 55 号 0123-3456789 开户行及账号：中国工商银行东发支行 663243429858253894	密码区	95+948*452<495738*394>464775744642646 47*4646/647568878<49573757+9088777264 647*4646/48*452<49573839446/67568878< 4957-3757+264647*4646/48*48*452<49575

货物或应税劳务、服务名称	规格型号	单位	数量	单价	金额	税率	税额
*钢材*圆钢	Φ12mm	吨	5	5000.00	25000.00	13%	3250.00
*钢材*圆钢	Φ16mm	吨	8	5500.00	44000.00	13%	5720.00
合　计					￥69000.00		￥8970.00

价税合计（大写）	⊗柒万柒仟玖佰柒拾元整	（小写）￥77970.00

销售方	名　　称：南风钢铁有限责任公司 纳税人识别号：65653703030311233V 地　址、电　话：河海市幸福路 33 号 6531-34565655 开户行及账号：中国工商银行河海分行 8633958450540646474	备注	南风钢铁有限责任公司 65653703030311233V 发票专用章

收款人：赵丰　　　　复核：刘明维　　　　开票人：钱枫　　　　销　售　方：（章）

图2-96　原始凭证39-2

中国工商银行

转账支票存根

10200020

35645771

附加信息

_____

_____

_____

出票日期 2022 年 01 月 16 日

收款人：
南风钢铁有限责任公司

金　额：￥77 970.00

用　途：支付货款

单位主管　江东发　会计　白小艺

图2-97　原始凭证39-3

1100212130 东发增值税专用发票 No 23769761

全国统一发票监制章
东 发
国家税务总局监制

1100212130
23769761

抵扣联

开票日期：2022 年 01 月 17 日

购买方	名　　　称：东发标准件制造有限公司 纳税人识别号：924857477363358123B 地址、电话：东发市经济技术开发区长江路 55 号 0123-3456789 开户行及账号：中国工商银行东发支行 663243429858253894	密码区	95+948*452<495738*394>464775744642646 47*4646/647568878<49573757+9088777264 647*4646/48*452<49573839446/67568878< 4957-3757+264647*4646/48*48*452<49575

第二联：抵扣联　购买方扣税凭证

税总函 [2021] 62 号京都印钞有限公司

货物或应税劳务、服务名称	规格型号	单位	数量	单价	金额	税率	税额
* 运输服务 * 运输服务费		次	1	1300.00	1300.00	9%	117.00
合　计					¥1300.00		¥117.00

价税合计（大写）	⊗ 壹仟肆佰壹拾柒元整		（小写）¥1417.00

销售方	名　　　称：速运有限责任公司 纳税人识别号：45632758686969696A 地址、电话：东发市冈山路 12 号 0123-65475767 开户行及账号：中国工商银行东发支行 8633955868694698757	备注	速运有限责任公司 45632758686969696A 发票专用章

收款人：任华　　　复核：张燕　　　开票人：周丹　　　销　售　方：（章）

图2-98　原始凭证40-1

1100212130 东发增值税专用发票 No 23769761

全国统一发票监制章
东 发
国家税务总局监制

发票联

开票日期：2022 年 01 月 17 日

购买方	名　　　称：东发标准件制造有限公司 纳税人识别号：924857477363358123B 地址、电话：东发市经济技术开发区长江路 55 号 0123-3456789 开户行及账号：中国工商银行东发支行 663243429858253894	密码区	95+948*452<495738*394>464775744642646 47*4646/647568878<49573757+9088777264 647*4646/48*452<49573839446/67568878< 4957-3757+264647*4646/48*48*452<49575

第三联：发票联　购买方记账凭证

税总函 [2021] 62 号京都印钞有限公司

货物或应税劳务、服务名称	规格型号	单位	数量	单价	金额	税率	税额
* 运输服务 * 运输服务费		次	1	1300.00	1300.00	9%	117.00
合　计					¥1300.00		¥117.00

价税合计（大写）	⊗ 壹仟肆佰壹拾柒元整		（小写）¥1417.00

销售方	名　　　称：速运有限责任公司 纳税人识别号：45632758686969696A 地址、电话：东发市冈山路 12 号 0123-65475767 开户行及账号：中国工商银行东发支行 8633955868694698757	备注	速运有限责任公司 45632758686969696A 发票专用章

收款人：任华　　　复核：张燕　　　开票人：周丹　　　销　售　方：（章）

图2-99　原始凭证40-2

中国工商银行

转账支票存根

10200020

35645772

附加信息 _____

_____

_____

出票日期 2022 年 01 月 17 日

| 收款人：速运有限责任公司 |
| 金　额：￥1 417.00 |
| 用　途：支付运费 |

单位主管　江东发　会计　白小艺

深圳光华印制有限公司 · 2011 年印制

图2-100　原始凭证40-3

材料验收入库单

凭证编号：20220117

供货单位：　　　　　　　　　　年　月　日　　　　仓库编号：1

增值税		发票号		验收日期		存放地点 1 号仓库			
材料编号	材料名称	规格	型号	单位		数量		金额	
						凭证	实收	单价	总价
差异		备注							

财务主管　　　　　　仓库验收　　　　　　采购经办

第三联　财务科核算

图2-101　原始凭证41（填写入库单）

1100212130　　东发增值税专用发票　No 13033887

1100212130
13033887

此联不做报销、抵税凭证使用　　开票日期：2022 年 01 月 17 日

税总函〔2021〕62 号京都印钞有限公司

购买方	名　　称：雪亮有限责任公司 纳税人识别号：47564598654689547W 地址、电话：东发市为实路 4 号 0123-84554776 开户行及账号：中国工商银行为实路支行 9584505654787878587	密码区	95+948*452<495738*394>464775744642646 47*4646/647568878<49573757+9088777264 647*4646/48*452<49573839446/67568878< 4957-3757+264647*4646/48*48*452<49575

第一联：记账联　销售方记账凭证

货物或应税劳务、服务名称	规格型号	单位	数量	单价	金额	税率	税额
*机械零件*双头螺柱	M12×200	个	20000	1.90	38000.00	13%	4940.00
合　计					￥38000.00		￥4940.00

价税合计（大写）	⊗ 肆万贰仟玖佰肆拾元整	（小写）￥42940.00

销售方	名　　称：东发标准件制造有限公司 纳税人识别号：924857477363358123B 地址、电话：东发市经济技术开发区长江路 55 号 0123-3456789 开户行及账号：中国工商银行东发支行 663243429858253894	备注	东发标准件制造有限公司 924857477363358123B 发票专用章

收款人：孙晓艳　　复核：张凡　　开票人：白小艺　　　　　销　售　方：（章）

图2-102　原始凭证42-1

中国工商银行　　银行承兑汇票　　2　10500050　45252613

出票日期　贰零贰贰年零壹月壹拾柒日
（大写）

出票人全称	雪亮有限责任公司	收款人	全称	东发标准件制造有限公司									
出票人账号	9584505654787878587		账号	663243429858253984									
付款行全称	中国工商银行为实路支行	行号 10244013142		开户行	中国工商银行东发支行	行号 10244015236								
汇票金额	人民币（大写）	肆万贰仟玖佰肆拾元整				千	百	十	万 ￥4	千 2	百 9	十 0	元 0	角 0	分 0

汇票到期日	贰零贰贰年零壹月壹拾柒日	本汇票已经承兑，到期日由本行付款。	承兑协议编号 【2021】098

本汇票请你们承兑，此项汇票我单位按承兑协议到期日能够足额交存银行，到期请予以支付

中国工商银行
为实路支行
2022.01.07
[06]

2022 年 01 月 17 日　　承兑日期．　年　月　日

科目（借）
对方科目（贷）

转账　年　月　日

复核　记账

承兑行签章

此联收款人开户银行作委托收款凭证或结清后作收款凭证附件

图2-103　原始凭证42-2

产品出库单

编号：

客户名称：　　　　　　　　　　　　　　　　　　　　　年　　　月　　　日

商品名称	规格	单位	数量	备注

发货人：　　　　　　　　经办人：

第三联　交财务部门

图2-104　原始凭证42-3（填写出库单）

1100212130　　**东发增值税普通发票**　No 45678399

1100212130
45678399

全国统一发票监制章
东发
国家税务总局监制

开票日期：2022 年 01 月 17 日

购买方	名　　称：东发标准件制造有限公司	密码区	95+948*452<495738*394>464775744642646
	纳税人识别号：924857477363358123B		47*4646/647568878<49573757+9088777264
	地址、电话：东发市经济技术开发区长江路 55 号 0123-3456789		647*4646/48*452<49573839446/67568878<
	开户行及账号：中国工商银行东发支行 663243429858253894		4957-3757+264647*4646/48*48*452<49575

货物或应税劳务、服务名称	规格型号	单位	数量	单价	金额	税率	税额
*办公用品*复印纸	A4	包	5	80.00	400.00	13%	52.00
*办公用品*墨盒	20*20	个	1	150.00	150.00	13%	19.50
			现金付讫				
合　　计					￥550.00		￥71.50

价税合计（大写）	⊗ 陆佰贰拾壹元伍角整	（小写）￥621.50

销售方	名　　称：东宇商贸有限责任公司	备注	
	纳税人识别号：65444333232333333B		
	地址、电话：东发市雨花路 35 号 0123-65479790		东宇商贸有限责任公司
	开户行及账号：中国工商银行东发支行 863395586869467970		65444333232333333B 发票专用章

收款人：王慧慧　　　　复核：许丽　　　　开票人：郑明宇　　　　销　售　方：（章）

第二联：发票联　购买方记账凭证

税总函〔2021〕62 号京都印钞有限公司

图2-105　原始凭证43

东发增值税专用发票

1100212130

No 13033888

1100212130
13033888

此联不做报销、扣税凭证使用

开票日期：2022 年 01 月 17 日

第一联：记账联 销售方记账凭证

购买方	名　　　　称：常顺有限责任公司 纳税人识别号：98676565370303031A 地　址、电话：东发市经三路 88 号 0123-86565655 开户行及账号：中国工商银行经三路支行 9584505406464748633	密码区	95+948*452<495738*394>464775744642646 47*4646/647568878<49573757+9088777264 647*4646/48*452<49573839446/67568878< 4957757+264647*4646/48*48*452<49575

货物或应税劳务、服务名称	规格型号	单位	数量	单价	金额	税率	税额
＊机械零件＊双头螺柱	M16×110	个	30000	2.00	60000.00	13%	7800.00
＊机械零件＊双头螺柱	M16×200	个	20000	3.50	70000.00	13%	9100.00
合　计					￥130000.00		￥16900.00

价税合计（大写）	⊗壹拾肆万陆仟玖佰元整	（小写）￥146900.00

销售方	名　　　　称：东发标准件制造有限公司 纳税人识别号：92485747736335 8123B 地　址、电话：东发市经济技术开发区长江路 55 号 0123-3456789 开户行及账号：中国工商银行东发支行 663243429858253894	备注	

收款人：孙晓艳　　　复核：张凡　　　开票人：白小艺　　　销　售　方：（章）

图2-106　原始凭证44-1

产品出库单

编号：

客户名称：　　　　　　　　　　　　　　　　　年　　　月　　　日

商品名称	规格	单位	数量	备注

发货人：　　　　　　经办人：

第三联　交财务部门

图2-107　原始凭证44-2（填写出库单）

中国工商银行 网上银行电子回单

电子回单号码：0030-3978-3334-1242　　　　　　打印时间：2022 年 01 月 17 日

付款人	户名	常顺有限责任公司	收款人	户名	东发标准件制造有限公司
	账号	958450546464748633		账号	663243429858253894
	开户银行	中国工商银行经三路支行		开户银行	中国工商银行东发支行
金额		¥2,000.00	金额（大写）		人民币贰仟元整
摘要		押金	业务（产品）种类		
用途					
交易流水		375747912	时间戳		2022-01-17 09：56
备注：包装物押金					
验证码：weDGFwf jrtkghk jrthnWEURH					
记账网点	00008	记账柜员	2354542	记账日期	2022 年 1 月 17 日

图2-108　原始凭证45-1

领料单

材料类别：包装箱

领用部门：销售部　　　　2022 年 01 月 17 日　　　　领用单：　202

材料名称	规格	单位	数量		单价	总价	用途
			请领	实发			
包装箱		个	10	10	200	2000.00	出借
发料部门	刘东瑞	领用部门	杜三强	备注			

第三联　交财务部门

图2-109　原始凭证45-2

1100212130

东发增值税普通发票　№ 45678403

1100212130
45678403

开票日期：2022 年 01 月 17 日

购买方	名　　称：东发标准件制造有限公司 纳税人识别号：924857477363358123B 地址、电话：东发市经济技术开发区长江路 55 号 0123-3456789 开户行及账号：中国工商银行东发支行 663243429858253894	密码区	95+948*452<495738*394>464775744642646 47*4646/647568878<49573757+9088777264 647*4646/48*452<49573839446/67568878< 4957-3757+264647*4646/48*48*452<49575

货物或应税劳务、服务名称	规格型号	单位	数量	单价	金额	税率	税额
*办公服务*办公用品		套	1	400.00	400.00	13%	52.00
合　计		现金付讫			¥400.00		¥52.00

价税合计（大写）　　　⊗肆佰伍拾贰元整　　　　　（小写）¥452.00

销售方	名　　称：东宇商贸有限责任公司 纳税人识别号：65444333232333333B 地址、电话：东发市雨花路 35 号 0123-65479790 开户行及账号：中国工商银行东发支行 863395586869467970	备注	东宇商贸有限责任公司 65444333232333333B 发票专用章

税总函 [2021] 62 号京都印钞有限公司

第二联：发票联　购买方记账凭证

收款人：王慧慧　　　复核：许丽　　　开票：郑明宇　　　　销　售　方：（章）

图2-110　原始凭证46

中国工商银行　进 账 单（收账通知）

2022 年 01 月 18 日　　NO.34712

出票人	全称	常顺有限责任公司	收款人	全称	东发标准件制造有限公司
	账号	9584505406464748633		账号	663243429858253894
	开户银行	中国工商银行经三路支行		开户银行	中国工商银行东发支行

金额	人民币（大写）	捌万陆仟玖佰元整		亿	千	百	十	万	千	百	十	元	角	分
							￥	8	6	9	0	0	0	0

票据种类	转账支票	票据张数	壹张	
票据号码		58953986		
				收款人开户银行签章

复核：　　　　记账

此联是收款人开户银行交给收款人的收账通知

图2-111　原始凭证47

产成品入库单

交库单位：生产车间　　　　2022 年 01 月 20 日　　　　编号 002

产品名称	型号规格	数量	单位	检验结果		实收数量	金额
				合格	不合格		
双头螺柱	M12×110	60000	个	60000		60000	
双头螺柱	M12×200	26000	个	26000		26000	
双头螺柱	M16×110	31000	个	31000		31000	
双头螺柱	M16×200	18000	个	18000		18000	

第三联：交财务部门

生产车间：杜三强　　　　　　仓库：刘东瑞

图2-112　原始凭证48

1100212130　　**东发增值税专用发票**　*No* 73457891

1100212130
73457891

（全国统一发票监制章 东发 国家税务总局监制）

抵扣联

开票日期：2022 年 01 月 20 日

购买方	名　称：东发标准件制造有限公司 纳税人识别号：924857477363358123B 地址、电话：东发市经济技术开发区长江路 55 号 0123-3456789 开户行及账号：中国工商银行东发支行 6632434298585253894					密码区	95+948*452<495738*394>464775744642646 47*4646/647568878<49573757+9088777264 647*4646/48*452<49573839446/67568878< 4957-3757+264647*4646/48*48*452<49575		
货物或应税劳务、服务名称	**规格型号**	**单位**	**数量**	**单价**	**金额**		**税率**	**税额**	
*现代服务*广告费			1	3000.00	3000.00		6%	180.00	
合　计					¥3000.00			¥180.00	
价税合计（大写）		⊗ 叁仟壹佰捌拾元整				（小写）¥3180.00			
销售方	名　称：星河文化传媒有限责任公司 纳税人识别号：8639370966657030035A 地址、电话：东发市海通路 16 号 0123-68356656 开户行及账号：中国农业银行东发支行 3384552464744860064				备注				

收款人：于晴　　复核：孙东　　开票人：刘晓丽　　销　售　方：（章）

（星河文化传媒有限责任公司 8639370966657030035A 发票专用章）

第二联：抵扣联　购买方扣税凭证

税总函〔2021〕62 号京都印钞有限公司

图2-113　原始凭证49-1

1100212130　　**东发增值税专用发票**　*No* 73457891

1100212130
73457891

（全国统一发票监制章 东发 国家税务总局监制）

发票联

开票日期：2022 年 01 月 20 日

购买方	名　称：东发标准件制造有限公司 纳税人识别号：924857477363358123B 地址、电话：东发市经济技术开发区长江路 55 号 0123-3456789 开户行及账号：中国工商银行东发支行 6632434298585253894					密码区	95+948*452<495738*394>464775744642646 47*4646/647568878<49573757+9088777264 647*4646/48*452<49573839446/67568878< 4957-3757+264647*4646/48*48*452<49575		
货物或应税劳务、服务名称	**规格型号**	**单位**	**数量**	**单价**	**金额**		**税率**	**税额**	
*现代服务*广告费			1	3000.00	3000.00		6%	180.00	
合　计					¥3000.00			¥180.00	
价税合计（大写）		⊗ 叁仟壹佰捌拾元整				（小写）¥3180.00			
销售方	名　称：星河文化传媒有限责任公司 纳税人识别号：8639370966657030035A 地址、电话：东发市海通路 16 号 0123-68356656 开户行及账号：中国农业银行东发支行 3384552464744860064				备注				

收款人：于晴　　复核：孙东　　开票人：刘晓丽　　销　售　方：（章）

（星河文化传媒有限责任公司 8639370966657030035A 发票专用章）

第三联：发票联　购买方记账凭证

税总函〔2021〕62 号京都印钞有限公司

图2-114　原始凭证49-2

中国工商银行 网上银行电子回单

电子回单号码：0030-3978-2334-3482　　　　　打印时间：2022 年 01 月 20 日

付款人	户名	东发标准件制造有限公司	收款人	户名	星河文化传媒有限责任公司
	账号	663243429858253894		账号	3384552464744860064
	开户银行	中国工商银行东发支行		开户银行	中国农业银行东发支行
	金额	￥3,180.00		金额（大写）	人民币叁仟壹佰捌拾元整
	摘要	广告费		业务（产品）种类	
	用途				
	交易流水	375747878		时间戳	2022-01-20 10：56
	备注：广告费				
	验证码：weDGFwf jrtkghk jrthnWEURH				
	记账网点	00008	记账柜员	2354536	记账日期	2022 年 1 月 20 日

图2-115　原始凭证49-3

非营利性单位专用数据

NO　20220120

付款人（单位）：东发标准件制造有限公司　　　　2022 年 01 月 20 日

项目	金额							备注
	十万	万	千	百	十	元	角	分	
向希望工程小学捐款			4	0	0	0	0	0	
人民币（大写）　⊗肆仟元整	合计	￥	4	0	0	0	0	0	

① 收据联付款人收执

收款单位：（财务专用章）　　　财务主管：罗阳　　　收款人：冯 军

图2-116　原始凭证50-1

中国工商银行 网上银行电子回单

电子回单号码：0030-3978-2334-3482　　　　　打印时间：2022 年 01 月 20 日

付款人	户名	东发标准件制造有限公司	收款人	户名	东发市红十字协会
	账号	663243429858253894		账号	3383652464980860199
	开户银行	中国工商银行东发支行		开户银行	中国农业银行东发支行
	金额	￥4,000.00		金额（大写）	人民币肆仟元整
	摘要	捐款		业务（产品）种类	
	用途				
	交易流水	375747878		时间戳	2022-01-20 14：56
	备注：向希望工程小学捐款				
	验证码：weDGFwf jrtkghk jrthnWEURH				
	记账网点	00008	记账柜员	2354536	记账日期	2022 年 1 月 20 日

图2-117　原始凭证50-2

1100212130

东发增值税电子普通发票

通行费

机器编号：499087002368

发票代码：1100212130
发票号码：56783214
开票日期：20220120
效 验 码：08485348654375486422

购买方	名　称：东发标准件制造有限公司 纳税人识别号：924857477363358123B 地址、电话：东发市经济技术开发区长江路55号 0123-3456789 开户行及账号：中国工商银行东发支行 663243429858253894	密码区	95+948*452<495738*394>46477574464264 647*4646/647568878<49573757+90887772 64647*4646/48*452<49573839446/675688 78<4957-3757+264647*4646/48*48*452<49

货物或应税劳务、服务名称	车牌号	类型	通行日期起	通行日期止	金额	税率	税额
*经营租赁*通行费	南A-G1234	轿车	20220101	20220120	320.00	3%	9.60
合　计			现金付讫		￥320.00		￥9.60

价税合计（大写）	⊗ 叁佰贰拾玖元陆角整	（小写）￥329.60

销售方	名　称：江海省高速公路建设开发总公司 纳税人识别号：1846574586856885699 地址、电话：东发市皇冠路1号 0123-65489213 开户行及账号：中国工商银行东发支行 8697908698633955467	销售方：（章）

收款人：任丽湖　　　复核：裴菲菲　　　开票人：郭海峰

图2-118　原始凭证51

中国工商银行 汇票申请书

申请日期	2022 年 01 月 20 日	第 34 号

申请人	东发标准件制造有限公司	收款人	江东钢铁有限公司
账号或住址	663243429858253894	账号或住址	5406424647486338450
开户行全称	中国工商银行东发支行	开户行全称	中国建设银行东发支行
用途		货款	

出票金额	人民币 （大写）　捌万元整	亿	千	百	十	万	千	百	十	元	角	分
					￥	8	0	0	0	0	0	0

上列款项请从我账号内支付	科目 _____ 对方科目 _____
	申请人签章　　财务主管　　复核　　经办

此联申请人留存

图2-119　原始凭证52

1100212130

东发增值税专用发票 №13456456

1100212130
13456456

抵扣联

开票日期：2022 年 01 月 21 日

税总函〔2021〕62 号京都印钞有限公司

购买方	名　　　称：东发标准件制造有限公司 纳税人识别号：924857477363358123B 地址、电话：东发市经济技术开发区长江路 55 号 0123-3456789 开户行及账号：中国工商银行东发支行 663243429858253894	密码区	95+948*452<495738*394>464775744642646 47*4646/647568878<49573757+9088777264 647*4646/48*452<49573839446/67568878< 4957-3757+264647*4646/48*48*452<49575

货物或应税劳务、服务名称	规格型号	单位	数量	单价	金额	税率	税额
＊钢材＊圆钢	Φ12mm	吨	5	5000.00	25000.00	13%	3250.00
＊钢材＊圆钢	Φ16mm	吨	7	5500.00	38500.00	13%	5005.00
合　计					￥63500.00		￥8255.00

价税合计（大写）	⊗柒万壹仟柒佰伍拾伍元整	（小写）￥71755.00

销售方	名　　　称：江东钢铁有限责任公司 纳税人识别号：3709863030535665B 地址、电话：东发市雨花路 77 号 0123-65455466 开户行及账号：中国建设银行东发支行 5406424647486338450	备注	

收款人：王芳　　　　复核：李逸风　　　　开票人：王晓丽　　　　销售方（章）

第二联：抵扣联　购买方扣税凭证

图2-120　原始凭证53-1

1100212130

东发增值税专用发票 №13456456

1100212130
13456456

发票联

开票日期：2022 年 01 月 21 日

税总函〔2021〕62 号京都印钞有限公司

购买方	名　　　称：东发标准件制造有限公司 纳税人识别号：924857477363358123B 地址、电话：东发市经济技术开发区长江路 55 号 0123-3456789 开户行及账号：中国工商银行东发支行 663243429858253894	密码区	95+948*452<495738*394>464775744642646 47*4646/647568878<49573757+9088777264 647*4646/48*452<49573839446/67568878< 4957-3757+264647*4646/48*48*452<49575

货物或应税劳务、服务名称	规格型号	单位	数量	单价	金额	税率	税额
＊钢材＊圆钢	Φ12mm	吨	5	5000.00	25000.00	13%	3250.00
＊钢材＊圆钢	Φ16mm	吨	7	5500.00	38500.00	13%	5005.00
合　计					￥63500.00		￥8255.00

价税合计（大写）	⊗柒万壹仟柒佰伍拾伍元整	（小写）￥71755.00

销售方	名　　　称：江东钢铁有限责任公司 纳税人识别号：3709863030535665B 地址、电话：东发市雨花路 77 号 0123-65455466 开户行及账号：中国建设银行东发支行 5406424647486338450	备注	

收款人：王芳　　　　复核：李逸风　　　　开票人：王晓丽　　　　销售方（章）

第三联：发票联　购买方记账凭证

图2-121　原始凭证53-2

1100212130

东发增值税专用发票 No 23769799

1100212130
23769799

抵扣联

开票日期：2022 年 01 月 21 日

购买方	名　　称：东发标准件制造有限公司 纳税人识别号：924857477363358123B 地址、电话：东发市经济技术开发区长江路 55 号 0123-3456789 开户行及账号：中国工商银行东发支行 663243429858253894	密码区	95+948*452<495738*394>464775744642646 47*4646/647568878<49573757+9088777264 647*4646/48*452<49573839446/67568878< 4957-3757+264647*4646/48*48*452<49575

第二联：抵扣联　购买方扣税凭证

货物或应税劳务、服务名称	规格型号	单位	数量	单价	金额	税率	税额
*运输服务*运输服务费		次	1	1200.00	1200.00	9%	108.00
合　计					￥1200.00		￥108.00

价税合计（大写）　　⊗壹仟叁佰零捌元整　　　　（小写）￥1308.00

销售方	名　　称：速运有限责任公司 纳税人识别号：45632758686969696A 地址、电话：东发市冈山路 12 号 0123-65475767 开户行及账号：中国工商银行东发支行 8633955868694698757	备注	速运有限责任公司 45632758686969696A 发票专用章

销 售 方：（章）

收款人：王慧慧　　复核：张燕　　开票人：周丹

图2-122　原始凭证53-3

1100212130

东发增值税专用发票 No 23769799

1100212130
23769799

发票联

开票日期：2022 年 01 月 21 日

购买方	名　　称：东发标准件制造有限公司 纳税人识别号：924857477363358123B 地址、电话：东发市经济技术开发区长江路 55 号 0123-3456789 开户行及账号：中国工商银行东发支行 663243429858253894	密码区	95+948*452<495738*394>464775744642646 47*4646/647568878<49573757+9088777264 647*4646/48*452<49573839446/67568878< 4957-3757+264647*4646/48*48*452<49575

第三联：发票联　购买方记账凭证

货物或应税劳务、服务名称	规格型号	单位	数量	单价	金额	税率	税额
*运输服务*运输服务费		次	1	1200.00	1200.00	9%	108.00
合　计					￥1200.00		￥108.00

价税合计（大写）　　⊗壹仟叁佰零捌元整　　　　（小写）￥1308.00

销售方	名　　称：速运有限责任公司 纳税人识别号：45632758686969696A 地址、电话：东发市冈山路 12 号 0123-65475767 开户行及账号：中国工商银行东发支行 8633955868694698757	备注	速运有限责任公司 45632758686969696A 发票专用章

销 售 方：（章）

收款人：任华　　复核：张燕　　开票人：周丹

图2-123　原始凭证53-4

付款期限
壹个月

中国工商银行
银行汇票 (多余款项收账通知)

4 10203243
   14837465

出票日期（大写）	贰零贰贰 年 零壹 月 零贰拾 日	代理付款行：中国工商银行东发支行 行号：10232410009

收款人：江东钢铁有限责任公司　　　　　　　账号：5406424647486338450

出票金额　人民币（大写）　**捌万元整**

实际结算金额	人民币（大写）　柒万叁仟零陆拾叁元整	亿 千 百 十 万 千 百 十 元 角 分
		￥ 7 3 0 6 3 0 0

申请人：东发标准件制造有限公司　　　　　　账号或地址：663243429858253894

出票行：中国工商银行东发支行　　　行号：10232309012

备注：

凭票付款

出票行签章

中国工商银行股份有限公司
东发支行
2022.01.21
转讫

密押		多余金额									
	亿	千	百	十	万	千	百	十	元	角	分
					￥	6	9	3	7	0	0

此联出票行结清多余款后交申请人

复核　　记账

图2-124　原始凭证53-5

材料验收入库单

凭证编号：20220121

供货单位：　　　　　　　　　　　　年　月　日　　　　　仓库编号：1

增值税		发票号		验收日期	存放地点 1 号仓库				第三联 财务科核算
材料编号	材料名称	规格	型号	单位	数量		金额		
					凭证	实收	单价	总价	
差异		备注							

财务主管　　　　　　　仓库验收　　　　　　　采购经办

图2-125　原始凭证53-6（填写入库单）

购销合同

合同编号 220121

购货单位（甲方）：菲亚有限责任公司

供货单位（乙方）：东发标准件制造有限公司

根据《中华人民共和国合同法》及国家相关法律法规之规定，甲乙双方本着平等互利的原则、就甲方购买乙方货物一事达成以下协议。

一、货物的名称、数量及价格：

货物名称	规格型号	单位	数量	单价	金额	税率	价税合计
双头螺柱	M12×110	个	60000	1.00	60000.00	13%	67800.00
双头螺柱	M12×200	个	40000	1.90	76000.00	13%	85880.00
双头螺柱	M16×110	个	30000	2.00	60000.00	13%	67800.00
双头螺柱	M16×200	个	20000	3.50	70000.00	13%	79100.00
合计（大写）人民币叁拾万零伍佰捌拾元整					（￥300580.00）		

二、交货方式和费用承担：交货方式：供货方送货，交货时间：2022 年 1 月 21 日，交货地点：购货方仓库。

三、付款时间与付款方式：托收承付，验货后支付货款。

四、质量异议期：订货方对供货方的货物质量有异议时，应在收到货物后当天提出，逾期视为货物质量合格。

五、未尽事宜经双方协调可作补充协议，与本合同具有同等效力。

六、本合同自双方签字、盖章之日起生效，本合同壹式贰份，甲乙双方各执壹份。

甲方（签章）　　　　　　　　　　　　乙方（签章）

授权代表：王海涛　　　　　　　　　　授权代表：冯明宇

地址：南海市雨花路 66 号　　　　　　地址：东发市经济技术开发区长江路 55 号

电话：0256-54554665　　　　　　　　电话：0123-3456789

日期：2022 年 1 月 21 日　　　　　　日期：2022 年 1 月 21 日

图2-126　原始凭证54-1

产品出库单

编号：

客户名称：　　　　　　　　　　　　　　　　　年　　　月　　　日

商品名称	规格	单位	数量	备注

发货人：　　　　　　　　　经办人：

第三联　交财务部门

图2-127　原始凭证54-2（填写出库单）

1100212130

东发增值税专用发票 No 13033889

1100212130
13033889

此联不做报销、扣税凭证使用　　　开票日期：　　年　月　日

	密码区	95+948*452<495738*394>464775744642646 47*4646/647568878<49573757+9088777264 647*4646/48*452<49573839446/67568878< 4957−3757+264647*4646/48*48*452<49575

购买方
名　　　称：
纳税人识别号：
地　址、电　话：
开户行及账号：

货物或应税劳务、服务名称	规格型号	单位	数量	单价	金额	税率	税额
合　计							

价税合计（大写）	⊗	（小写）

销售方
名　　　称：
纳税人识别号：
地　址、电　话：
开户行及账号：

备注

第一联：记账联　销售方记账凭证

收款人：　　　复核：　　　开票人：　　　销　售　方：（章）

税总函〔2021〕62号京都印钞有限公司

图2-128　原始凭证54-3（填写发票）

ICBC 中国工商银行　托收凭证（受理回单）

1 1872901

委托日期　　2022年01月21日

业务类型	委托收款（□邮划、□电划）托收承运（□邮划、☑电划）				

付款人	全称	菲亚有限责任公司	收款人	全称	东发标准件制造有限公司
	账号	4647486338450540642		账号	663243429858253894
	地址	南海省南海市县 开户行 中国建设银行南海支行		地址	东发省东发市县 开户行 中国工商银行东发支行

金额	人民币 （大写）	叁拾万零伍佰捌拾元整	亿	千	百	十	万	千	百	十	元	角	分
							¥ 3	0	0	5	8	0	0	0

款项内容	货款	托收凭证名称	增值税专用发票	附寄单证张数	1

商品发运情况	已发运	合同名称号码	购销合同 220121

备注：　款项收妥日期

复核：　记账　年　月　日　　收款人开户行银行签章　年　月　日

此联作收款人开户银行给收款人的受理回单

图2-129　原始凭证54-4

领料单

材料类别：原材料

领用部门：生产车间　　　　2022 年 01 月 21 日　　　　领用单 304

材料名称	规格	单位	数量		单价	总价	用途
			请领	实发			
圆钢	Φ12mm	吨	2	2			生产 M12×110
圆钢	Φ12mm	吨	5	5			生产 M12×200
圆钢	Φ16mm	吨	3	3			生产 M16×110
圆钢	Φ16mm	吨	5	5			生产 M16×200
发料部门	刘东瑞	领用部门	杜三强	备注			

第三联　交财务部门

图2-130　原始凭证55（补充填写领料单）

1100212130

东发增值税专用发票

No 13033890

1100212130
13033890

此联不做报销、扣税凭证使用

开票日期：2022 年 01 月 21 日

税总函〔2021〕62 号京都印钞有限公司

购买方	名　　　称：常顺有限责任公司 纳税人识别号：98676565370303031A 地址、电话：东发市经三路 88 号 0123-86565655 开户行及账号：中国工商银行经三路支行 9584505406464748633	密码区	95+948*452<495738*394>464775744642646 47*4646/647568878<49573757+9088777264 647*4646/48*452<49573839446/67568878< 4957-3757+264647*4646/48*48*452<49575

货物或应税劳务、服务名称	规格型号	单位	数量	单价	金额	税率	税额
*机械零件*双头螺柱	M16×110	个	−1000	2.00	−2000.00	13%	−260.00
合　计					￥−2000.00		￥−260.00

价税合计（大写）	⊗ 负贰仟贰佰陆拾元整	（小写）￥−2260.00

销售方	名　　　称：东发标准件制造有限公司 纳税人识别号：924857477363358123B 地址、电话：东发市经济技术开发区长江路 55 号 0123-3456789 开户行及账号：中国工商银行东发支行 6632434298258253894	备注	

收款人：孙晓艳　　　复核：张凡　　　开票人：白小艺　　　销　售　方：（章）

第一联：记账联　销售方记账凭证

图2-131　原始凭证56-1

产成品入库单

交库单位：销售部　　　　2022 年 01 月 21 日　　　　编号 003

产品名称	型号规格	数量	单位	检验结果		实收数量	金额
				合格	不合格		
双头螺柱	M16×110	1000	个		1000	1000	

第三联：交财务部门

生产车间：杜三强　　　　仓库：刘东瑞

图2-132　原始凭证56-2

中国工商银行

转账支票存根

10200020

35645773

附加信息 _____

_____

_____

出票日期 2022 年 01 月 21 日

收款人：常顺有限责任公司

金　额：¥2 260.00

用　途：退货款

单位主管　江东发　会计　白小艺

深圳光华印制有限公司 · 2011 年印制

图2-133　原始凭证56-3

1100212130

东发增值税专用发票　No 24563212

1100212130

24563212

全国统一发票监制章

东发

国家税务总局监制

抵扣联

开票日期：2022 年 01 月 21 日

购买方	名　　称：东发标准件制造有限公司 纳税人识别号：924857477363358123B 地　址、电话：东发市经济技术开发区长江路55号 0123-3456789 开户行及账号：中国工商银行东发支行663243429858253894					密码区	95+948*452<495738*394>464775744642646 47*4646/647568878<49573757+9088777264 647*4646/48*452<49573839446/67568878< 4957-3757+264647*4646/48*48*452<49575		
货物或应税劳务、服务名称	规格型号	单位	数量	单价		金额	税率	税额
＊供水＊水费		方	430	4.00		1720.00	9%	154.80
合　计						¥1720.00		¥154.80

价税合计（大写）　⊗壹仟捌佰柒拾肆元捌角整　　　　　　　　　　（小写）¥1874.80

销售方	名　　称：东发市公用水务有限公司 纳税人识别号：37096657863030535D 地　址、电话：东发市海丰路12号 0123-35665657 开户行及账号：中国农业银行东发支行3384554064246474860	备注	东发市公用水务有限公司 37096657863030535D 发票专用章

收款人：张一鸣　　复核：霍非　　开票人：王亮　　销　售　方：（章）

税总函[2021]62号京都印钞有限公司

第二联：抵扣联　购买方扣税凭证

图2-134　原始凭证57-1

1100212130　　　**东发增值税专用发票** *No* 24563212

全国统一发票监制章
东 发
国家税务总局监制
发票联

1100212130
24563212

开票日期：2022 年 01 月 21 日

购买方	名　　　称：东发标准件制造有限公司 纳税人识别号：924857477363358123B 地　址、电话：东发市经济技术开发区长江路 55 号 0123-3456789 开户行及账号：中国工商银行东发支行 663243429858253894	密码区	95+948*452<495738*394>464775744642646 47*4646/647568878<49573757+9088777264 647*4646/48*452<49573839446/67568878< 4957-3757+264647*4646/48*48*452<49575

货物或应税劳务、服务名称	规格型号	单位	数量	单价	金额	税率	税额
*供水*水费		方	430	4.00	1720.00	9%	154.80
合　计					￥1720.00		￥154.80

价税合计（大写）	⊗壹仟捌佰柒拾肆元捌角整	（小写）￥1874.80

销售方	名　　　称：东发市公用水务有限公司 纳税人识别号：37096657863030535D 地　址、电话：东发市海丰路 12 号 0123-35665657 开户行及账号：中国农业银行东发支行 3384554064246474860	备注	东发市公用水务有限公司 37096657863030535D 发票专用章

收款人：张一鸣　　　　复核：霍非　　　　开票人：王亮　　　　　销售方：（章）

第三联：发票联　购买方记账凭证

税总函〔2021〕62 号京都印钞有限公司

图2-135　原始凭证57-2

1100212130　　　**东发增值税专用发票** *No* 56145432

全国统一发票监制章
东 发
国家税务总局监制
抵扣联

1100212130
56145432

开票日期：2022 年 01 月 21 日

购买方	名　　　称：东发标准件制造有限公司 纳税人识别号：924857477363358123B 地　址、电话：东发市经济技术开发区长江路 55 号 0123-3456789 开户行及账号：中国工商银行东发支行 663243429858253894	密码区	95+948*452<495738*394>464775744642646 47*4646/647568878<49573757+9088777264 647*4646/48*452<49573839446/67568878< 4957-3757+264647*4646/48*48*452<49575

货物或应税劳务、服务名称	规格型号	单位	数量	单价	金额	税率	税额
*供电*电费		度	8100	1.00	8100.00	13%	1053.00
合　计					￥8100.00		￥1053.00

价税合计（大写）	⊗玖仟壹佰伍拾叁元整	（小写）￥9153.00

销售方	名　　　称：东发市电力有限责任公司 纳税人识别号：93709665786303035A 地　址、电话：东发市海丰路 22 号 0123-35665668 开户行及账号：中国农业银行东发支行 3384554486006424647	备注	东发市电力有限责任公司 93709665786303035A 发票专用章

收款人：蔡强　　　　复核：方然　　　　开票人：刘阳　　　　　销售方：（章）

第二联：抵扣联　购买方扣税凭证

税总函〔2021〕62 号京都印钞有限公司

图2-136　原始凭证57-3

东发增值税专用发票 No 56145432

1100212130

1100212130
56145432

开票日期：2022 年 01 月 21 日

购买方	名　称：东发标准件制造有限公司 纳税人识别号：924857477363358123B 地　址、电话：东发市经济技术开发区长江路 55 号 0123-3456789 开户行及账号：中国工商银行东发支行 663243429858253894	密码区	95+948*452<495738*394>464775744642646 47*4646/647568878<49573757+9088777264 647*4646/48*452<49573839446/67568878< 4957-3757+264647*4646/48*48*452<49575

货物或应税劳务、服务名称	规格型号	单位度	数量	单价	金额	税率	税额
*供电*电费			8100	1.00	8100.00	13%	1053.00
合　计					￥8100.00		￥1053.00

价税合计（大写）	⊗玖仟壹佰伍拾叁元整	（小写）￥9153.00

销售方	名　称：东发市电力有限责任公司 纳税人识别号：93709665786303035A 地　址、电话：东发市海丰路 22 号 0123-35665668 开户行及账号：中国农业银行东发支行 3384554486006424647	备注	销　售　方：（章）

收款人：蔡强　　　复核：方然　　　开票人：刘阳　　　销　售　方：（章）

税总函〔2021〕62 号京都印钞有限公司

第三联：发票联　购买方记账凭证

图2-137　原始凭证57-4

中国工商银行

转账支票存根

10200020

35645774

附加信息　———————

————————————

————————————

出票日期 2022 年 01 月 21 日

收款人：东发市公用水务有限公司

金　额：￥1 874.80

用　途：支付水费

单位主管　江东发　会计　白小艺

深圳光华印制有限公司 · 2011 年印制

图2-138　原始凭证57-5

中国工商银行

转账支票存根

10200020

35645775

附加信息　———————

————————————

————————————

出票日期 2022 年 01 月 21 日

收款人：东发市电力有限责任公司

金　额：￥9 153.00

用　途：支付电费

单位主管　江东发　会计　白小艺

深圳光华印制有限公司 · 2011 年印制

图2-139　原始凭证57-6

1100212130

东发增值税普通发票 № 13033430

1100212130
13033430

开票日期：2022 年 01 月 21 日

<table>
<tr><td rowspan="4">购买方</td><td>名　　称：东发标准件制造有限公司</td><td rowspan="4" colspan="2">密码区</td><td rowspan="4">95+948*452<495738*394>464775744642646
47*4646/647568878<49573757+9088777264
647*4646/48*452<49573839446/67568878<
4957-3757+264647*4646/48*48*452<49575</td></tr>
<tr><td>纳税人识别号：924857477363358123B</td></tr>
<tr><td>地　址、电　话：东发市经济技术开发区长江路 55 号 0123-3456789</td></tr>
<tr><td>开户行及账号：中国工商银行东发支行 663243429858253894</td></tr>
<tr><td>货物或应税劳务、服务名称</td><td>规格型号</td><td>单位</td><td>数量</td><td>单价</td><td>金额</td><td>税率</td><td>税额</td></tr>
<tr><td>＊贷款服务＊利息收入</td><td></td><td>月</td><td>1</td><td>1609.67</td><td>1609.67</td><td>6%</td><td>96.58</td></tr>
<tr><td>合　　计</td><td></td><td></td><td></td><td></td><td>￥1609.67</td><td></td><td>￥96.58</td></tr>
<tr><td>价税合计（大写）</td><td colspan="4">⊗ 壹仟柒佰零陆元贰角伍分</td><td colspan="3">（小写）￥1706.25</td></tr>
<tr><td rowspan="4">销售方</td><td>名　　称：中国工商银行股份有限公司</td><td rowspan="4" colspan="2">备注</td><td rowspan="4"></td></tr>
<tr><td>纳税人识别号：91100000100009876T</td></tr>
<tr><td>地　址、电　话：东发市海达路 34 号 0818-34123456</td></tr>
<tr><td>开户行及账号：中国人民银行 66010010200000001</td></tr>
</table>

收款人：陈东　　　　复核：郭月　　　　开票人：张军　　　　　　销　售　方：（章）

图2-140　原始凭证58-1

⼯ 中国工商银行　　　　计（付）利息清单

日期：2022 年 01 月 21 日

<table>
<tr><td>户名</td><td colspan="2">东发标准件制造有限公司</td><td>账号</td><td colspan="10">663243429858253894</td><td>会计分录：</td></tr>
<tr><td>计息计算时间</td><td colspan="13">2021 年 12 月 22 日至 2022 年 01 月 21 日</td><td>（付）
对方科目
复核</td></tr>
<tr><td>积数</td><td colspan="2">350,000.00</td><td>月利率</td><td colspan="10">4.875%</td><td>制票</td></tr>
<tr><td rowspan="2">利息金额</td><td colspan="2" rowspan="2">人民币
（大写）壹仟柒佰零陆元贰角伍分</td><td>千</td><td>百</td><td>十</td><td>万</td><td>千</td><td>百</td><td>十</td><td>元</td><td>角</td><td>分</td><td rowspan="2">（银行盖章）</td></tr>
<tr><td></td><td></td><td>￥</td><td>1</td><td>7</td><td>0</td><td>6</td><td>2</td><td>5</td><td>年　月　日</td></tr>
</table>

图2-141　原始凭证58-2

1100212130

东发增值税普通发票

No 13033456

1100212130
13033456

开票日期：2022 年 01 月 21 日

购买方	名　　　称：东发标准件制造有限公司 纳税人识别号：9248574773633581238 地址、电话：东发市经济技术开发区长江路 55 号 0123-3456789 开户行及账号：中国工商银行东发支行 663243429858253894	密码区	95+948*452<495738*394>464775744642646 47*4646/647568878<49573757+9088777264 647*4646/48*452<49573839446/67568878< 4957-3757+264647*4646/48*48*452<49575

货物或应税劳务、服务名称	规格型号	单位	数量	单价	金额	税率	税额
* 贷款服务 * 利息收入		月	6	2358.49	14150.94	6%	849.06
合　计					￥14150.94		￥849.06

价税合计（大写）	⊗ 壹万伍仟元整	（小写）￥15000.00

销售方	名　　　称：中国工商银行股份有限公司 纳税人识别号：91100000100009876T 地址、电话：东发市海达路 34 号 0818-34123456 开户行及账号：中国人民银行 66010010200000001	备注	

收款人：陈东　　　复核：郭月　　　开票人：张军　　　销售方：（章）

图2-142　原始凭证59-1

中国工商银行

还款凭证

2022 年 01 月 21 日　　　　　　　　N°.00223465

银行打印	还款人：东发标准件制造有限公司 还款人账号：663243429858253894 收款人：中国工商银行东发支行 收款人账号：663243420034785432 偿还本金：大写：人民币贰拾伍万元整　　小写：￥250000.00 偿还利息：大写：人民币壹万伍仟元整　　小写：￥15000.00

客户填写	付还款人	姓名	东发标准件制造有限公司	收款人	姓名	中国工商银行江宁市支行
		还款账号	663243429858253894		收款账号	663243420034785432
		开户行	中国工商银行东发支行		开户行	中国工商银行东发支行

贷款账号	663243429858746259	贷款种类	短期借款
合同编号	JN202107220010	借据序号	2021072210
还款方式	按金额☑　　按期数☐	还款期数	

还款金额	人民币（大写）　　贰拾陆万伍仟元整	亿	千	百	十	万	千	百	十	元	角	分
				￥2	6	5	0	0	0	0	0	0

其中：提前还款	一次性还清☐ 提前部分还款☐ 贷款转出结清☐ 归还当期本息☑
提前还款后选择	还款期内仍继续扣款☐ 还款期内不再扣款☐ 缩短还款期☐
备注：	客户签字：江东发

图2-143　原始凭证59-2

借款利息计提表

被借款单位：中国工商银行东发支行

借款期限：2021 年 7 月 22 日至 2022 年 1 月 21 日

借款金额：¥250000.00

借款利率：年利率 12%，月利率 1%

利息计提：
计提日期	计提金额
2021-08-21	2500.00
2021-09-21	2500.00
2021-10-21	2500.00
2021-11-21	2500.00
2021-12-21	2500.00
合计：	¥12500.00

图2-144　原始凭证59-3

利息计算表
2022 年 1 月 21 日

借款本金	年利率	本月应提利息	用途
1000000.00	6%	5000.00	用于在建工程——车间

图2-145　原始凭证60

中国工商银行　网上银行电子回单

电子回单号码：0030-3978-5334-4217　　　　　　打印时间：2022 年 1 月 21 日

付款人	户名	中国工商银行股份有限公司	收款人	户名	东发标准件制造有限公司
	账号	66010010200000001		账号	663243429858253894
	开户银行	中国人民银行		开户银行	中国工商银行东发支行
	金额	¥215.25		金额（大写）	人民币贰佰壹拾伍元贰角伍分
	摘要	2022 年第一季度银行存款利息		业务（产品）种类	本行收报
	用途				
	交易流水	375747868		时间戳	2022-01-21 14：56
		备注：2022 年 1 月银行存款利息 附言：2022 年 1 月银行存款利息 种类：银行存款利息 委托日期：2022 年 1 月 21 日 业务类型（种类）：普通汇兑			
		验证码：weDGFwf jrtkghk jrthnWEURH			
记账网点	00008	记账柜员	2354536	记账日期	2022 年 1 月 21 日

图2-146　原始凭证61

固定资产报废申请书

NO：742763

申报部门：生产车间　　　　　　　　　　　申请日期：2022 年 01 月 22 日

固定资产名称	滚丝机	购置时间	2020 年 5 月 6 日
固定资产编号	300012	规格型号	1
数量／单位	1 台	使用部门	生产车间
原值	50000.00	净值	
已提折旧	8000.00	净残值	2000.00

报废原因：			
损坏			
资产管理部门意见	同意 杜三强 2022 年 01 月 22 日	公司意见	同意 2022 年 01 月 22 日

此表一式两份，一份留申请部门，一份留财务部门

图2-147　原始凭证62

1100212130

东发增值税普通发票

No 84532134

1100212130
84532134

开票日期：2022 年 01 月 22 日

购买方	名　称：东发标准件制造有限公司 纳税人识别号：924857477363358123B 地址、电话：东发市经济技术开发区长江路 55 号 0123-3456789 开户行及账号：中国工商银行东发支行 663243429858253894	密码区	95+948*452<495738*394>464775744642646 47*4646/647568878<49573757+9088777264 647*4646/48*452<49573839446/67568878< 4957-3757+264647*4646/48*48*452<49575

货物或应税劳务、服务名称	规格型号	单位	数量	单价	金额	税率	税额
＊清理服务＊清理费用		次	1	100.00	100.00	13%	13.00
合　计				现金付讫	￥100.00		￥13.00

价税合计（大写）	⊗ 壹佰壹拾叁元整	（小写）￥113.00

销售方	名　称：华宇汽修有限责任公司 纳税人识别号：44433653232123456BA 地址、电话：东发市雨花路 9 号 0123-65790479 开户行及账号：中国工商银行东发支行 8633945632144675642	备注	

收款人：苏小小　　　复核：李冯丽　　　开票人：王子越　　　销售方：（章）

税总函〔2021〕62 号京都印钞有限公司

第二联：发票联　购买方记账凭证

图2-148　原始凭证63

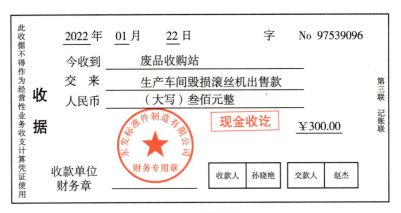

图2-149　原始凭证64

固定资产清理损益计算表

年　　月　　日

项目	金额
转入清理价值	
支付清理费用	
清理收入	
清理净损失	

图2-150　原始凭证65（填写计算表）

借款合同

借款人：东发标准件制造有限公司

贷款人：中国工商银行股份有限公司东发支行

东发标准件制造有限公司因生产周转，向中国工商银行股份有限公司东发支行借款，借款金额：￥200000.00元（大写：人民币贰拾万元整），借款期限：从2022年01月22日至2022年07月21日止，借款期限为6个月，年利率为5.85%，按月付息，到期还本。

　借款人：

2022年1月21日

　贷款人

2022年1月21日

图2-151　原始凭证66-1

中国工商银行　借款凭证（回单）

转账日期　2022 年 01 月 22 日

借款单位名称	东发标准件制造有限公司		纳税人识别号	924857477363358123B
放款账号	6632434298587446259		往来账号	6632434298582253894

借款金额	人民币（大写）	贰拾万元整		亿千百十万千百十元角分 ￥ 2 0 0 0 0 0 0 0

用 途	生产周转	利率	5.85%，按月付息，到期还本

单位提出期限	自 2022 年 01 月 22 日起至 2022 年 07 月 21 日止
银行核定期限	自 2022 年 01 月 22 日起至 2022 年 07 月 21 日止

上列款项已收入你方单位往来户内

此致

单位（银行盖章）

中国工商银行股份有限公司
2022.01.22
转讫

单位会计人员：
白小艺

第一联　回单联

分次偿还记录	日期	偿还金额	未还金额	复核盖章	分次偿还记录	日期	金额
	月日	百十万千百十元角分	百十万千百十元角分			年月日	百十万千百十元角分

图2-152　原始凭证66-2

东发增值税专用发票

1100212130　　　No 33073401

全国统一发票监制章
东发
国家税务总局（监制）

抵扣联

1100212130
33073401

开票日期：2022 年 01 月 24 日

税总函 [2021] 62 号京都印钞有限公司

购买方	名 称：东发标准件制造有限公司 纳税人识别号：924857477363358123B 地址、电话：东发市经济技术开发区长江路 55 号 0123-3456789 开户行及账号：中国工商银行东发支行 6632434298582253894	密码区	95+948*452<495738*394>464775744642646 47*4646/647568878<49573757+9088777264 647*4646/48*452<49573839446/67568878< 4957-3757+264647*4646/48*48*452<49575

货物或应税劳务、服务名称	规格型号	单位	数量	单价	金额	税率	税额
*保养服务*保养费		次	1	600.00	600.00	6%	36.00
合 计					￥600.00		￥36.00

价税合计（大写）	⊗ 陆佰叁拾陆元整	（小写）￥636.00

销售方	名 称：通显安装服务有限责任公司 纳税人识别号：54637825883483824W 地址、电话：东发市维城路 38 号 0123-57576767 开户行及账号：中国工商银行东发支行 8633957788979898988	备注	通显安装服务有限责任公司 54637825883483824W 发票专用章

收款人：李强　　　复核：滑晓然　　　开票人：田辉　　　销售方：（章）

第二联：抵扣联　购买方扣税凭证

图2-153　原始凭证67-1

东发增值税专用发票　No 33073401

1100212130

1100212130
33073401

开票日期：2022 年 01 月 24 日

税总函〔2021〕62 号京都印钞有限公司

购买方	名　　称：东发标准件制造有限公司 纳税人识别号：924857477363358123B 地址、电话：东发市经济技术开发区长江路 55 号 0123-3456789 开户行及账号：中国工商银行东发支行 663243429858253894	密码区	95+948*452<495738*394>464775744642646 47*4646/647568878<49573757+9088777264 647*4646/48*452<49573839446/67568878< 4957-3757+264647*4646/48*48*452<49575

第三联：发票联　购买方记账凭证

货物或应税劳务、服务名称	规格型号	单位	数量	单价	金额	税率	税额
*保养服务*保养费		次	1	600.00	600.00	6%	36.00
合　计					￥600.00		￥36.00

价税合计（大写）	⊗陆佰叁拾陆元整	（小写）￥636.00

销售方	名　　称：通显安装服务有限责任公司 纳税人识别号：54637825883483824W 地址、电话：东发市维城路 38 号 0123-57576767 开户行及账号：中国工商银行东发支行 8633957788979898988	备注	通显安装服务有限责任公司 54637825883483824W 发票专用章

收款人：李强　　　复核：滑晓然　　　开票人：田辉　　　　销　售　方：（章）

图2-154　原始凭证67-2

支付宝收支明细证明

敬启者：

兹证明东发标准件制造有限公司（统一社会信用代码：924857477363358123B）的支付宝账号收支明细信息如下：

基本信息

支付宝账户：Dfbzjzzyxgsf@163.com

收支明细对应的期间：自【2022-01-24 00：00：00】至【2022-01-24 23：59：59】

收入总金额：0.00　　　　　　　　支出总金额：636.00

收入总笔数：0　　　　　　　　　　支出总笔数：1

收入总金额大写：零　　　　　　　支出总金额大写：陆佰叁拾陆元整

具体收支明细

流水号	时间	名称/备注	收入	支出	账户余额	资金渠道
202201240032154820	2022-01-24-13：20	支付设备保养费		-636.00	722.00	支付宝

《支付宝收支明细》仅证明用户在下载该支付明细时其支付宝账户的收支情况。

《支付宝收支明细》有任何修改或涂改的，均为无效证明。

《支付宝收支明细》仅供参考，如与用户支付宝账户记录不一致的，以支付宝账户记录为准

支付宝（中国）网络科技有限公司
业务凭证专用章盖章处
业务凭证专用章

图2-155　原始凭证67-3

1100212130

东发增值税专用发票　No 13033891

全国统一发票监制章
东发
国家税务总局监制

此联不做报销、扣税凭证使用　　开票日期：2022 年 01 月 24 日

1100212130
13033891

税总函〔2021〕62 号京都印钞有限公司

购买方	名　称：雪亮有限责任公司 纳税人识别号：47564598654689547W 地址、电话：东发市为实路 4 号 0123-84554776 开户行及账号：中国工商银行为实路支行 9584505654787878587	密码区	95+948*452<495738*394>464775744642646 47*4646/647568878<49573757+9088777264 647*4646/48*452<49573839446/67568878< 4957-3757+264647*4646/48*48*452<49575

货物或应税劳务、服务名称	规格型号	单位	数量	单价	金额	税率	税额
*钢材*圆钢	Φ16mm	吨	3	5800.00	17400.00	13%	2262.00
合　计					￥17400.00		￥2262.00

价税合计（大写）	⊗壹万玖仟陆佰陆拾贰元整	（小写）￥19662.00

销售方	名　称：东发标准件制造有限公司 纳税人识别号：92485747736335 8123B 地址、电话：东发市经济技术开发区长江路 55 号 0123-3456789 开户行及账号：中国工商银行东发支行 663243429858253894	备注	东发标准件制造有限公司 92485747736335 8123B 发票专用章

收款人：孙晓艳　　复核：张凡　　开票人：白小艺　　　　　销　售　方：（章）

第一联：记账联　销售方记账凭证

图2-156　原始凭证68-1

ICBC 中国工商银行　　进账单（收账通知）

2022 年 01 月 24 日　　NO.34744

出票人	全称	雪亮有限责任公司	收款人	全称	东发标准件制造有限公司
	账号	9584505654787878587		账号	663243429858253894
	开户银行	中国工商银行为实路支行		开户银行	中国工商银行东发支行

金额	人民币 （大写）	壹万玖仟陆佰陆拾贰元整	亿	千	百	十	万	千	百	十	元	角	分
						￥	1	9	6	6	2	0	0

票据种类	转账支票	票据张数	壹张	
票据号码		58954128		

中国工商银行
东发支行
2022.01.24
收讫
[16]

复核：　　记账：　　　　　　　　收款人开户银行签章

此联是收款人开户银行交给收款人的收账通知

图2-157　原始凭证68-2

材料出库单

编号：20220124

客户名称：雪亮有限责任公司　　　　　　　　　　2022 年 01 月 24 日

商品名称	规格	单位	数量	单位成本	备注
圆钢	Φ16mm	吨	3	5600	

第三联　交财务部门

发货人：刘东瑞　　　　　　　经办人：冯明宇

图2-158　原始凭证68-3

材料验收入库单

凭证编号：20220125

供货单位；南风钢铁有限责任公司　　　　2022 年 01 月 25 日　　　　仓库编号：1

增值税		发票号		验收日期 2022 年 01 月 25 日		存放地点 1 号仓库	
材料编号	材料名称	规格	型号	单位	数量		金额	
					凭证	实收	单价	总价
101	圆钢		Φ12mm	吨	4	4		
差异		备注						

财务主管　　　　　　仓库验收　　　　　　　采购经办

图2-159　原始凭证69

中华人民共和国
税 收 完 税 证 明

No.337085220100089812

填表日期：2022 年 01 月 25 日　税务机关：国家税务总局东发市税务局

纳税人识别号	924857477363358123B		纳税人名称	东发标准件制造有限公司		
原始凭证	税种	品目名称	税款所属时期	入（退）库日期	实缴（退）金额	
36594855678	印花税	印花税		2022-01-25	200.00	
金额合计	（大写）贰佰元整				￥200.00	
填票人 纳税人网上开具			备注 主管税务所（科、分局）：国家税务总局东发市税务局 税源管理科			

妥善保管

图2-160　原始凭证70-1

中国工商银行

转账支票存根

10200020

35645776

附加信息
_____

_____

_____

出票日期 2022 年 01 月 25 日

收款人：
国家税务总局东发市税务局

金　额：￥200.00

用　途：支付印花税

单位主管　江东发　会计　白小艺

图2-161　原始凭证70-2

1100212130　　　**东发增值税专用发票**　　No 93073289

1100212130
93073289

（发票监制章 东发 国家税务总局监制）

抵扣联

开票日期：2022 年 01 月 26 日

购买方	名　　　称：东发标准件制造有限公司 纳税人识别号：924857477363358123B 地址、电话：东发市经济技术开发区长江路 55 号 0123-3456789 开户行及账号：中国工商银行东发支行 663243429858253894					密码区	95+948*452<495738*394>464775744642646 47*4646/647568878<49573757+9088777264 647*4646/48*452<49573839446/67568878< 4957-3757+264647*4646/48*48*452<49575		
货物或应税劳务、服务名称	规格型号	单位	数量	单价	金额	税率	税额		
*无形资产*专利权		项	1	100000.00	100000.00	6%	6000.00		
合　　计					￥100000.00		￥6000.00		
价税合计（大写）		⊗壹拾万陆仟元整				（小写）￥106000.00			
销售方	名　　　称：新和标准件制造有限公司 纳税人识别号：98668603036537035D 地址、电话：东发市雨花路 35 号 0123-66579766 开户行及账号：中国工商银行东发支行 8633967768694681245				备注				

收款人：苏铭　　　复核：李笑　　　开票人：王聪　　　销售方：（章）

（新和标准件制造有限公司 98668603036537035D 发票专用章）

第二联：抵扣联　购买方扣税凭证

税总函〔2021〕62 号京都印钞有限公司

图2-162　原始凭证71-1

1100212130　　　**东发增值税专用发票**　　No 93073289

1100212130
93073289

（发票监制章 东发 国家税务总局监制）

发票联

开票日期：2022 年 01 月 26 日

购买方	名　　　称：东发标准件制造有限公司 纳税人识别号：924857477363358123B 地址、电话：东发市经济技术开发区长江路 55 号 0123-3456789 开户行及账号：中国工商银行东发支行 663243429858253894					密码区	95+948*452<495738*394>464775744642646 47*4646/647568878<49573757+9088777264 647*4646/48*452<49573839446/67568878< 4957-3757+264647*4646/48*48*452<49575		
货物或应税劳务、服务名称	规格型号	单位	数量	单价	金额	税率	税额		
*无形资产*专利权		项	1	100000.00	100000.00	6%	6000.00		
合　　计					￥100000.00		￥6000.00		
价税合计（大写）		⊗壹拾万陆仟元整				（小写）￥106000.00			
销售方	名　　　称：新和标准件制造有限公司 纳税人识别号：98668603036537035D 地址、电话：东发市雨花路 35 号 0123-66579766 开户行及账号：中国工商银行东发支行 8633967768694681245				备注				

收款人：苏铭　　　复核：李笑　　　开票人：王聪　　　销售方：（章）

（新和标准件制造有限公司 98668603036537035D 发票专用章）

第三联：发票联　购买方记账凭证

税总函〔2021〕62 号京都印钞有限公司

图2-163　原始凭证71-2

中国工商银行

转账支票存根

10200020

35645777

附加信息

_____

_____

_____

出票日期 2022 年 01 月 26 日

收款人：新和标准件制造有限公司
金　额：￥106 000.00
用　途：购专利权

单位主管　江东发　会计　白小艺

深圳光华印制有限公司 · 2011 年印制

图2-164　原始凭证71-3

中国工商银行　网上银行电子回单

电子回单号码：0030-3978-5434-0217　　　　　　　打印时间：2022 年 01 月 26 日

付款人	户名	菲亚有限责任公司	收款人	户名	东发标准件制造有限公司
	账号	4647486338450540642		账号	663243429858253894
	开户银行	中国建设银行南海支行		开户银行	中国工商银行东发支行
金额		￥300,580.00	金额（大写）		人民币叁拾万零伍佰捌拾元整
摘要		货款	业务（产品）种类		本行收报
用途					
交易流水		375757868	时间戳		2022-01-26 14：56
		备注：货款			
		验证码：weDGFwf jrtkghk jrthnWEURH			
记账网点	00008	记账柜员	2354536	记账日期	2022 年 1 月 26 日

图2-165　原始凭证72

中国工商银行

转账支票存根

10200020

35645778

附加信息

_____

_____

_____

出票日期　年　月　日

收款人：
金　额：
用　途：

单位主管　江东发　会计　白小艺

深圳光华印制有限公司 · 2011 年印制

中国工商银行 转账支票

10200020

35645778

出票日期（大写）　　年　　月　　日　　付款行名称：中国工商银行东发支行

收款人：　　　　　　　　　　　　　　出票人账号：663243429858253894

付款期限自出票之日起十天

人民币（大写）	亿	千	百	十	万	千	百	十	元	角	分

用途_____

上列款项请从我账户内支付

出票人签章

密码_____

行号____102340020010____

复核　　　　　记账

图2-166　原始凭证73（填写支票）

1100212130　　**东发增值税专用发票**　No 33073489

1100212130
33073489

抵扣联

开票日期：2022 年 01 月 27 日

购买方	名　　　　称：东发标准件制造有限公司 纳税人识别号：924857477363358123B 地　址、电话：东发市经济技术开发区长江路 55 号 0123-3456789 开户行及账号：中国工商银行东发支行 663243429858253894					密码区	95+948*452<495738*394>464775744642646 47*4646/647568878<49573757+9088777264 647*4646/48*452<49573839446/67568878< 4957-3757+264647*4646/48*48*452<49575		
货物或应税劳务、服务名称	规格型号	单位	数量	单价	金额	税率	税额		
*修理服务 *修理费		次	1	500.00	500.00	13%	65.00		
合　计					￥500.00		￥65.00		

价税合计（大写）　　⊗ 伍佰陆拾伍元整　　　　　　（小写）￥565.00

销售方	名　　　　称：通显安装服务有限责任公司 纳税人识别号：54637825883483824W 地　址、电话：东发市维城路 38 号 0123-57576767 开户行及账号：中国工商银行东发支行 8633957788979898988	备注	

收款人：李强　　　复核：滑晓然　　　开票人：田辉　　　销售方：（章）

图2-167　原始凭证74-1

1100212130　　**东发增值税专用发票**　No 33073489

1100212130
33073489

发票联

开票日期：2022 年 01 月 27 日

税总函〔2021〕62 号京都印钞有限公司

购买方	名　　　　称：东发标准件制造有限公司 纳税人识别号：924857477363358123B 地　址、电话：东发市经济技术开发区长江路 55 号 0123-3456789 开户行及账号：中国工商银行东发支行 663243429858253894					密码区	95+948*452<495738*394>464775744642646 47*4646/647568878<49573757+9088777264 647*4646/48*452<49573839446/67568878< 4957-3757+264647*4646/48*48*452<49575		
货物或应税劳务、服务名称	规格型号	单位	数量	单价	金额	税率	税额		
*修理服务 *修理费		次	1	500.00	500.00	13%	65.00		
合　计					￥500.00		￥65.00		

价税合计（大写）　　⊗ 伍佰陆拾伍元整　　　　　　（小写）￥565.00

销售方	名　　　　称：通显安装服务有限责任公司 纳税人识别号：54637825883483824W 地　址、电话：东发市维城路 38 号 0123-57576767 开户行及账号：中国工商银行东发支行 8633957788979898988	备注	

收款人：李强　　　复核：滑晓然　　　开票人：田辉　　　销售方：（章）

图2-168　原始凭证74-2

中国工商银行

转账支票存根

10200020

35645779

附加信息

_____

_____

_____

出票日期 2022 年 01 月 27 日

收款人：
通显安装服务有限责任公司

金　额：￥565.00

用　途：空调修理费

单位主管　江东发　会计　白小艺

深圳光华印制有限公司 · 2011 年印制

图2-169　原始凭证74-3

1100212130　　**东发增值税专用发票**　No 13033892

1100212130
13033892

全国统一发票监制章
东　发
国家税务总局监制

此联不做报销、抵税凭证使用　　开票日期：2022 年 01 月 28 日

购买方	名　称：菲亚有限责任公司 纳税人识别号：56598603037637031C 地址、电话：南海市雨花路 66 号 0256-54554665 开户行及账号：中国建设银行南海支行 4647486338450540642	密码区	95+948*452<495738*394>464775744642646 47*4646/647568878<49573757+9088777264 647*4646/48*452<49573839446/67568878< 4957-3757+264647*4646/48*48*452<49575

货物或应税劳务、服务名称	规格型号	单位	数量	单价	金额	税率	税额
*机械零件*双头螺柱	M12×110	个	40000	1.00	40000.00	13%	5200.00
*机械零件*双头螺柱	M12×200	个	20000	1.90	38000.00	13%	4940.00
*机械零件*双头螺柱	M16×110	个	30000	2.00	60000.00	13%	7800.00
*机械零件*双头螺柱	M16×200	个	20000	3.50	70000.00	13%	9100.00
合　计					￥208000.00		￥27040.00

价税合计（大写）　　⊗ 贰拾叁万伍仟零肆拾元整　　　（小写）￥235040.00

销售方	名　称：东发标准件制造有限公司 纳税人识别号：924857477363358123B 地址、电话：东发市经济技术开发区长江路 55 号 0123-3456789 开户行及账号：中国工商银行东发支行 663243429858253894	备注	东发标准件制造有限公司 924857477363358123B 发票专用章

收款人：孙晓艳　　　复核：张凡　　　开票人：白小艺　　　销　售　方：（章）

税总函 [2021] 62 号京都印钞有限公司

第一联：记账联　销售方记账凭证

图2-170　原始凭证75-1

产品出库单

编号：20220128

客户名称：菲亚有限责任公司　　　　　　　　2022 年 01 月 28 日

商品名称	规格	单位	数量	备注
双头螺柱	M12×110	个	40000	
双头螺柱	M12×200	个	20000	
双头螺柱	M16×110	个	30000	
双头螺柱	M16×200	个	20000	

发货人：刘东瑞　　　　　　经办人：冯明宇

图2-171　原始凭证75-2

1100212130　　　　**东发增值税普通发票**　No 45678599

1100212130
45678599

开票日期：2022 年 01 月 29 日

购买方	名　　称：东发标准件制造有限公司 纳税人识别号：9248574773633581238 地址、电话：东发市经济技术开发区长江路 55 号 0123-3456789 开户行及账号：中国工商银行东发支行 663243429858253894				密码区	95+948*452<495738*394>464775744642646 47*4646/647568878<49573757+9088777264 647*4646/48*452<49573839446/67568878< 4957-3757+264647*4646/48*48*452<49575		

货物或应税劳务、服务名称	规格型号	单位	数量	单价	金额	税率	税额
*生活用品*牛奶	伊利	箱	19	70.7963	1345.13	13%	174.87
合　计					￥1345.13		￥174.87

价税合计（大写）	⊗壹仟伍佰贰拾元整	（小写）￥1520.00

销售方	名　　称：东宇商贸有限责任公司 纳税人识别号：65444333232333333B 地址、电话：东发市雨花路 35 号 0123-65479790 开户行及账号：中国工商银行东发支行 8633955868694679970	备注

收款人：王慧慧　　　复核：许丽　　　开票人：郑明宇　　　销 售 方：（章）

第二联：发票联　购买方记账凭证

税总函 [2021] 62 号京都印钞有限公司

图2-172　原始凭证76-1

中国工商银行　网上银行电子回单

电子回单号码：0030-3978-2334-3502　　　　　　打印时间：2022 年 01 月 29 日

付款人	户名	东发标准件制造有限公司	收款人	户名	东宇商贸有限责任公司
	账号	663243429858253894		账号	8633955868694679790
	开户银行	中国工商银行东发支行		开户银行	中国工商银行东发支行
	金额	￥1,520.00	金额（大写）		人民币壹仟伍佰贰拾元整
	摘要	购牛奶	业务（产品）种类		
	用途				
	交易流水	375747878	时间戳		2022-01-29 14：56
	备注：购牛奶				
	验证码：weDGFwf jrtkghk jrthnWEURH				
	记账网点	00008	记账柜员	2354536	记账日期 2022 年 1 月 29 日

图2-173　原始凭证76-2

牛奶发放清单
2022 年 1 月

部门		发放数量 / 箱
厂办	江东发	1
	王新河	1
财务部门	张凡	1
	白小艺	1
	孙晓艳	1
采购部	何海涛	1
仓管部	刘东瑞	1
小计		7
销售部	冯明宇	1
车间管理	杜三强	1
生产车间 (M12×110)	丁岩	1
	费苗苗	1
	小计	2
生产车间 (M12×200)	郑思思	1
	田晓梦	1
	谷玉强	1
	小计	3
生产车间 (M16×110)	曹大江	1
	胡胜南	1
	小计	2
生产车间 (M16×200)	李雷雷	1
	裴亚梅	1
	潘悦悦	1
	小计	3
合计		19

制表： 白小艺   审核： 张 凡

图2-174　原始凭证76-3

产成品入库单

交库单位：生产车间　　　　2022 年 01 月 30 日　　　　编号 004

产品名称	型号规格	数量	单位	检验结果		实收数量	金额
				合格	不合格		
双头螺柱	M12×110	24000	个	24000		24000	
双头螺柱	M12×200	32000	个	32000		32000	
双头螺柱	M16×110	22000	个	22000		22000	
双头螺柱	M16×200	18000	个	18000		18000	

第三联：交财务部门

生产车间：**杜三强**　　　　　　仓库：**刘东瑞**

图2-175　原始凭证77

工资结算汇总表
2022 年 1 月

姓名	部门	人员类别	基本工资	岗位工资	津贴补贴	病假扣款	事假扣款	应发合计	代扣款 养老保险8%	医疗保险2%	失业保险0.5%	住房公积金12%	代扣税	扣款合计	实发合计
江东发	厂办	管理人员	6000.00	2000.00	1000.00			9000.00	720.00	180.00	45.00	1080.00	59.25	2084.25	6915.75
王新河	厂办	管理人员	3500.00	2000.00	1000.00	50.00		6450.00	516.00	129.00	32.25	774.00		1451.25	4998.75
张凡	财务部	管理人员	3500.00	2000.00	900.00			6400.00	512.00	128.00	32.00	768.00		1440.00	4960.00
白小艺	财务部	管理人员	3000.00	2000.00	900.00			5900.00	472.00	118.00	29.50	708.00		1327.50	4572.50
孙晓艳	财务部	管理人员	3000.00	2000.00	900.00			5900.00	472.00	118.00	29.50	708.00		1327.50	4572.50
何海涛	采购部	管理人员	3000.00	2000.00	800.00			5800.00	464.00	116.00	29.00	696.00		1305.00	4495.00
刘东瑞	仓管部	管理人员	3000.00	2000.00	600.00			5600.00	448.00	112.00	28.00	672.00		1260.00	4340.00
冯明宇	销售部	销售人员	3000.00	3000.00	900.00			6900.00	552.00	138.00	34.50	828.00	10.43	1562.93	5337.07
杜三强	生产车间	车间管理	3000.00	2000.00	850.00			5850.00	468.00	117.00	29.25	702.00		1316.25	4533.75
丁岩	生产车间	M12×110生产工	3000.00	1500.00	850.00			5350.00	428.00	107.00	26.75	642.00		1203.75	4146.25
费苗苗	生产车间	M12×110生产工	3000.00	1500.00	850.00			5350.00	428.00	107.00	26.75	642.00		1203.75	4146.25
郑思思	生产车间	M12×200生产工	3000.00	1500.00	850.00			5350.00	428.00	107.00	26.75	642.00		1203.75	4146.25
田晓梦	生产车间	M12×200生产工	3000.00	1500.00	850.00			5350.00	428.00	107.00	26.75	642.00		1203.75	4146.25
谷玉强	生产车间	M12×200生产工	3000.00	1500.00	850.00			5350.00	428.00	107.00	26.75	642.00		1203.75	4146.25
曹大江	生产车间	M16×110生产工	3000.00	1500.00	850.00			5350.00	428.00	107.00	26.75	642.00		1203.75	4146.25
胡胜南	生产车间	M16×110生产工	3000.00	1500.00	850.00			5350.00	428.00	107.00	26.75	642.00		1203.75	4146.25
李雷雷	生产车间	M16×200生产工	3000.00	1500.00	850.00			5350.00	428.00	107.00	26.75	642.00		1203.75	4146.25
裴亚梅	生产车间	M16×200生产工	3000.00	1500.00	850.00			5350.00	428.00	107.00	26.75	642.00		1203.75	4146.25
潘悦悦	生产车间	M16×200生产工	3000.00	1500.00	850.00			5350.00	428.00	107.00	26.75	642.00		1203.75	4146.25
合计			61000.00	34000.00	16350.00	50.00	0.00	111300.00	8904.00	2226.00	556.50	13356.00	69.68	25112.18	86187.82

制表：白小艺　　审核：张凡

图2-176　原始凭证78-1，原始凭证81

工资分配汇总表

2022 年 1 月

应借账户		分配金额
生产成本——直接人工	M12×110	
	M12×200	
	M16×110	
	M16×200	
	小计	
制造费用——职工薪酬		
销售费用——职工薪酬		
管理费用——职工薪酬		
合计		

制表：　　　　　　　　审核：

图2-177　原始凭证78-2（补充填写工资分配汇总表）

五险一金分配汇总表

2022 年 1 月

应借账户		应付工资	养老保险 16%	失业保险 1%	工伤保险 0.5%	医疗保险 8%	生育保险 1%	住房公积金 12%	合计
生产成本——直接人工	M12×110								
	M12×200								
	M16×110								
	M16×200								
	小计								
制造费用——职工薪酬									
销售费用——职工薪酬									
管理费用——职工薪酬									
合计									

制表：　　　　　　　　审核：

图2-178　原始凭证79（补充填写五险一金分配汇总表）

工会经费、职工教育经费计提汇总表
2022 年 1 月

应借账户		应付工资	工会经费 2%	教育经费 2.5%	合计
生产成本——直接人工	M12×110				
	M12×200				
	M16×110				
	M16×200				
	小计				
制造费用——职工薪酬					
销售费用——职工薪酬					
管理费用——职工薪酬					
合计					

制表：　　　　　　　　审核：

图2-179　原始凭证80（补充填写工会经费、职工教育经费计提汇总表）

固定资产折旧计提表
2022 年 1 月

资产名称	用途	资产原值/元	净残值率/%	预计使用年限/年	年折旧额/元	月折旧额/元
车间	生产	5000000		20		
办公楼	管理	3000000		20		
计算机	管理	10000		5		
打印机	管理	6000		5		
空调	管理	10000	4	5		
小轿车	管理	150000		5		
抛丸机	生产	300000		10		
拔丝机	生产	80000		10		
截断机	生产	240000		10		
滚丝机	生产	300000		10		
合计		9096000	—	—		

制表：　　　　　　　　审核：

图2-180　原始凭证82（补充填写计提表）

无形资产摊销明细表
编制单位：东发标准件制造有限公司　　　2022 年 01 月 30 日　　　单位：元

无形资产	使用日期	原值	摊销年限	月摊销额
专利权	2022 年 1 月 26 日	100000	10	

审核：　张　凡　　　制单：　白小艺

图2-181　原始凭证83（补充填写摊销表）

车辆保险费摊销明细表

编制单位：东发标准件制造有限公司　　　　2022 年 01 月 30 日　　　　单位：元

保险费金额	摊销期间	月摊销额
2184.06	2022 年 1–12 月	

审核：　张　凡　　　　制单：　白小艺

图2-182　原始凭证84（补充填写保险费摊销表）

水费分配表

编制单位：　　　　　　　　　　　　年　月

部门	分配标准	分配率	金额
生产车间	380	—	
管理部门	50	—	
合计	430		

制表：　　　　　　　审核：

图2-183　原始凭证85-1（补充填写分配表）

电费分配表

编制单位：　　　　　　　　　　　　年　月

部门	分配标准	分配率	金额
生产车间	7100	—	
管理部门	1000	—	
合计	8100		

制表：　　　　　　　审核：

图2-184　原始凭证85-2（补充填写分配表）

制造费用分配表
2022 年 1 月

产品	分配标准 / 工时	分配率	分配金额
双头螺柱 M12×110	380		
双头螺柱 M12×200	600		
双头螺柱 M16×110	500		
双头螺柱 M16×200	600		
合计	2080		

制表：　白小艺　　　　审核：　张　凡

图2-185　原始凭证86（补充填写分配表）

_____ 产品成本计算单

2022 年 1 月 30 日

完工：　　　　　　　　　个　　　　　　　　投料程度：100%
在产品：　　　　　　　　个　　　　　　　　完工程度：50%

项目		直接材料	直接人工	制造费用	合计
月初在产品费用					
本月生产费用					
生产费用累计					
约当产量	完工产品产量				
	月末在产品约当产量				
单位成本					
完工产品总成本					
月末在产品成本					

制表：　　　　　　　　　　　　审核：

图2-186　原始凭证87-1（补充填写计算表）

_____ 产品成本计算单

2022 年 1 月 30 日

完工：　　　　　　　　　个　　　　　　　　投料程度：100%
在产品：　　　　　　　　个　　　　　　　　完工程度：50%

项目		直接材料	直接人工	制造费用	合计
月初在产品费用					
本月生产费用					
生产费用累计					
约当产量	完工产品产量				
	月末在产品约当产量				
单位成本					
完工产品总成本					
月末在产品成本					

制表：　　　　　　　　　　　　审核：

图2-187　原始凭证87-2（补充填写计算表）

_____ 产品成本计算单

2022 年 1 月 30 日

完工： 个 投料程度：100%
在产品： 个 完工程度：50%

项目		直接材料	直接人工	制造费用	合计
月初在产品费用					
本月生产费用					
生产费用累计					
约当产量	完工产品产量				
	月末在产品约当产量				
单位成本					
完工产品总成本					
月末在产品成本					

制表： 审核：

图2-188　原始凭证87-3（补充填写计算表）

- -

_____ 产品成本计算单

2022 年 1 月 30 日

完工： 个 投料程度：100%
在产品： 个 完工程度：50%

项目		直接材料	直接人工	制造费用	合计
月初在产品费用					
本月生产费用					
生产费用累计					
约当产量	完工产品产量				
	月末在产品约当产量				
单位成本					
完工产品总成本					
月末在产品成本					

制表： 审核：

图2-189　原始凭证87-4（补充填写计算表）

已销产品成本计算表
年　　月　　日

产品名称	期初			入库			加权平均单位成本	销售		
	数量	单价	金额	数量	单价	金额		数量	单价	金额

制表　　　　　　　　审核　　　　　　　　　　　记账

图2-190　　原始凭证88（补充填写计算表）

账存实存对比表
2022 年 1 月 30 日

单位名称：东发标准件制造有限公司

编号	类别及名称	计量单位	单价	实存		账存		对比结果				备注
				数量	金额	数量	金额	盘盈		盘亏		
								数量	金额	数量	金额	
101	圆钢 Φ16mm	吨	5600	7.2		7		0.2	1120			

财务主管：　张　凡　　　　复核：　张　凡　　　　　　　　制表：　白小艺

图2-191　　原始凭证90

存货盘点处理报告表
2022 年 1 月 30 日

单位名称：东发标准件制造有限公司

类别及名称	计量单位	单价	实存		账存		对比结果				差异原因
			数量	金额	数量	金额	盘盈		盘亏		
							数量	金额	数量	金额	
圆钢 Φ16mm	吨	5600	7.2		7		0.2	1120			无法查明原因
财务部门建议处理意见：	根据小企业会计制度规定处理										
单位主管部门批复处理意见：	同意。										

批准人：　江东发　　　审批人：　张　凡　　　部门负责人：　刘东瑞　　　制单：　白小艺

图2-192　　原始凭证91

账存实存对比表

2022 年 1 月 30 日

单位名称：东发标准件制造有限公司

编号	类别及名称	计量单位	单价	实存		账存		对比结果				备注
								盘盈		盘亏		
				数量	金额	数量	金额	数量	金额	数量	金额	
203	双头螺柱 M12×200	个	1.19	39000		40000				1000	1190	

财务主管：张 凡　　　　　复核：张 凡　　　　　制表：白小艺

图2-193　原始凭证92

存货盘点处理报告表

2022 年 1 月 30 日

单位名称：东发标准件制造有限公司

类别及名称	计量单位	单价	实存		账存		对比结果				差异原因
							盘盈		盘亏		
			数量	金额	数量	金额	数量	金额	数量	金额	
双头螺柱 M12×200	个	1.19	39000		40000				1000	1190	管理不善造成丢失

财务部门建议处理意见：	产品对应的原材料进项税额108元，保管人刘东瑞赔偿500元，其余根据小企业会计制度规定处理。
单位主管部门批复处理意见：	同意。

批准人：江东发　　　审批人：张 凡　　　部门负责人：刘东瑞　　　制单：白小艺

图2-194　原始凭证93

结转本期应交增值税

年　月　日

项目	借方		贷方		本期应交增值税
	进项税额	减免税额	销项税额	进项税额转出	
金额					

制单：　　　　　　　审核：

图2-195　原始凭证94（补充填写应交增值税表）

税金及附加计提表

年　月　日

税种	计税依据	计提比例	金额
城市维护建设税			
教育费附加			
地方教育费附加			
合计			

制单：　　　　　　　审核：

图2-196　原始凭证95（补充填写税金及附加计提表）

"互联网+"新形态一体化系列丛书

会计综合实训

主　编　马承金　程春梅　张佃淑

副主编　李绘芳　薛碧云　李佰领
　　　　姜振凤　曹美娟

编　委（排名不分先后）
　　　　邓慧芳　郑　蕊　单晓宇
　　　　孟　菲　任广荣　高　雨
　　　　陈潇宁　殷宪成　王　峰
　　　　刘艳峰

主　审　肖炳峰

北京理工大学出版社
BEIJING INSTITUTE OF TECHNOLOGY PRESS

内 容 简 介

  本书是以培养会计综合职业能力为宗旨，以就业为导向，采用"项目＋任务"的体例，校企合作开发的"双元"新形态教材。全书共分为五个部分，内容包括：实训环境认知、期初建账、日常业务处理、期末业务处理和报表编制。本书根据《小企业会计准则2013》和最新税收政策编写，在报表部分增加纳税申报表，并且要求分别采用手工和信息化两种方式进行账务处理，能够较好地满足教学需求。原始凭证单面印刷，方便裁剪，利于学生练习凭证粘贴。记账凭证、各式账页、科目汇总表、试算平衡表、会计报表等实训素材电子版，以二维码方式呈现，读者可自行打印。

  本书将手工会计实训与会计信息化实训有机结合，使学生在高仿真情境下，通过单证的编制和业务的处理来掌握会计工作的基本操作技能和流程，培养学生的实践能力，实现课堂教学与实际业务岗位的衔接。

  本书可用于中等职业学校会计专业及其他相关专业的教学，也可用作中等职业学校会计技能竞赛和"1+X"证书考试实训资料。

版权专有　侵权必究

图书在版编目（ＣＩＰ）数据

会计综合实训 / 马承金 , 程春梅 , 张佃淑主编 . ——
北京 : 北京理工大学出版社 , 2023.6
  ISBN 978-7-5763-2322-1

  Ⅰ . ①会… Ⅱ . ①马… ②程… ③张… Ⅲ . ①会计学
—中等专业学校—教材 Ⅳ . ① F230

中国国家版本馆 CIP 数据核字 (2023) 第 073107 号

出版发行 / 北京理工大学出版社有限责任公司
社　　址 / 北京市海淀区中关村南大街 5 号
邮　　编 /100081
电　　话 /（010）68914775（总编室）
　　　　　（010）82562903（教材售后服务热线）
　　　　　（010）68944723（其他图书服务热线）
网　　址 / http : //www.bitpress.com.cn
经　　销 / 全国各地新华书店
印　　刷 / 定州市新华印刷有限公司
开　　本 / 889 毫米 × 1194 毫米
印　　张 / 15.5　　　　　　　　　　　　　　责任编辑 / 王梦春
字　　数 / 288 千字　　　　　　　　　　　　文案编辑 / 杜　枝
版　　次 / 2023 年 6 月第 1 版　2023 年 6 月第 1 次印刷　责任校对 / 刘亚男
定　　价 / 44.00 元　　　　　　　　　　　　责任印制 / 边心超

前 言

PREFACE

　　党的二十大报告指出："培养什么人、怎样培养人、为谁培养人是教育的根本问题。"为贯彻"二十大"精神，推进"三教"改革，满足会计教学的需求，我们联合山东舜天信诚会计师事务所济宁分所、济宁金钥匙代理记账公司等单位共同开发了《会计综合实训》双元教材。本书具有以下特色：

　　（1）素质教育元素贯穿整个教材。"育人的根本在于立德"，将社会主义核心价值观、会计职业道德、工匠精神等素质教育元素融入不同实训项目，对学生进行"滴灌式"教育，培养学生诚实守信、守法奉公的职业操守。

　　（2）内容丰富，独具特色。坚持守正创新理念，将最新会计制度和税收政策融入实训案例，采用"项目+任务"的体例，引入企业导师指导、评价，设"导师寄语"栏目，仿真设计企业完整的一个月的经济业务展开训练，教材特色鲜明。

　　（3）教学资源丰富。该教材配有电子教案、课件、会计凭证、账簿和报表，针对重点、难点问题录制微课，并对每个项目列出参考答案等，教学资源丰富。

　　（4）实训案例设计全面、合理且难易适中。以生产工艺过程相对简单的标准件制造企业典型业务为主线，基于企业真实业务并结合实训需要设计，内容逼真，增强了学生实训的兴趣，缩短了训练和实际操作的距离。

　　（5）"岗课赛证"融通。以"岗课赛证"融合的价值目标为引领，推进产教融合、科教融汇、职普融通，满足会计岗位、职教高考、技能大赛和1+X证书考试需求，实现"岗课赛证"融通。

　　本书由马承金、程春梅和张佃淑担任主编；李绘芳、薛碧云、李佰领、姜振凤、曹美娟担任副主编；山东理工职业学院肖炳峰副教授担任主审。全教材各项目编写分工如下：马承金编写前导篇、项目三并撰写目录、前言、内容简介等，程春梅编写项目一、项目四，并和李绘芳、薛碧云、李佰领、姜振凤共同编写项目二，曹美娟、邓慧芳编写课件、电子教案，参与教材前期调研、整体设计。郑蕊、单晓宇、高雨、陈潇宁、孟菲、任广荣、刘艳峰、殷

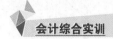

宪成、王峰、张佃淑等参与教材原始凭证收集、整理等工作。肖炳峰负责全书的审核，马承金负责全书的总纂、修改并定稿。

本书在编写过程中参考了调研企业的凭证、账簿和内部会计制度，借鉴了业内专家学者的教材和观点，在此谨向这些作者致以诚挚的谢意。

本书实训资料涉及单位、电话、地址、税号、开户行等均为虚构；为方便学生学习，编者对会计处理和成本计算做了适度加工。

本教材无论在内容上还是体例上都做了新的尝试，但由于编写时间仓促和作者水平有限，书中难免有不足之处，敬请各位专家、同行和读者不吝赐教，以方便以后修订、完善。

编　者

坚持学习　守正创新

坚持准则　守责敬业

坚持诚信　守法奉公

3

目 录
CONTENTS

前导篇
实训环境认知

学习目标

知识目标

1.了解会计岗位设置；

2.熟悉会计政策和会计核算方法。

能力目标

1.能够熟练根据企业会计政策和会计核算方法处理业务；

2.能够熟练运用会计核算程序进行账务处理。

素质目标

做事有准备，才能事半功倍。培养学生遵守会计工作规范的意识，养成良好的会计职业素养，做到"爱岗敬业，诚实守信"。

任务一　了解实训企业概况

　　东发标准件制造有限公司（以下简称"东发公司"）是一家专门从事螺柱生产加工的制造企业，成立于2020年5月，注册资本700万元，占地2000平方米，建筑面积500平方米。东发公司拥有雄厚的技术力量和先进的生产设备，具有较强的竞争力。东发公司选用优质的钢材，进行严格的质量控制，质量管理体系通过ISO9001认证，符合中国进出口商品检验的要求，主要产品是双头螺柱，规格型号主要有M12×110、M12×200、M16×110和M16×200四种，产品广泛用于建筑、机械、交通、电力、化工等行业。

一、企业基本情况

单位名称：东发标准件制造有限公司

成立日期：2020年5月6日

纳税人识别号：924857477363358123B

单位地址：东发市经济技术开发区长江路55号

法人代表：江东发

邮政编码：674532

联系电话及传真：0123-3456789

电子邮件：dfbzjzzyxgs@163.com

企业类型：工业企业

了解实训企业

经营范围：螺柱、工业模具的加工与销售；钢材、建筑材料（除木材）、五金工具、电线电缆、电力设备、石油钻采设备及配件、消防器材及配件的销售（上述经营范围涉及许可经营项目的，凭许可证明文件或批准证书在有效期内经营，未经许可不得经营）。

二、组织结构

企业组织结构如图0-1所示。

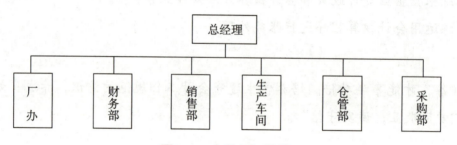

图0-1　企业组织结构

三、企业职员档案

企业职员档案如表0-1所示。

表 0-1　企业职员档案

姓名	工号	所属部门	职员属性
江东发	101	厂办	总经理
王新河	102	厂办	厂办主任
张凡	201	财务部	主管
白小艺	202	财务部	会计
孙晓艳	203	财务部	出纳
何海涛	301	采购部	采购经理
刘东瑞	401	仓管部	仓管主任
冯明宇	501	销售部	销售经理

姓名	工号	所属部门	职员属性
杜三强	601	生产车间	车间主任
丁岩	602	生产车间	M12×110 生产工人
费苗苗	603	生产车间	M12×110 生产工人
郑思思	604	生产车间	M12×200 生产工人
田晓梦	605	生产车间	M12×200 生产工人
谷玉强	606	生产车间	M12×200 生产工人
曹大江	607	生产车间	M16×110 生产工人
胡胜南	608	生产车间	M16×110 生产工人
李雷雷	609	生产车间	M16×200 生产工人
裴亚梅	610	生产车间	M16×200 生产工人
潘悦悦	611	生产车间	M16×200 生产工人

四、开户银行信息

开户银行信息如表0-2所示。

表0-2　开户银行信息

银行名称	银行账号	账户分类	备注
中国工商银行东发支行	663243429858253894	基本账户	

五、固定资产类别

固定资产类别如表0-3所示。

表0-3　固定资产类别

序号	类别名称	使用年限/年	净残值率/%	计提属性	折旧方法
1	厂房及建筑物	20	4	正常计提	平均年限法（一）
2	电子设备	5	4	正常计提	平均年限法（一）
3	机器设备	10	4	正常计提	平均年限法（一）
4	运输设备	5	4	正常计提	平均年限法（一）

六、存货档案

（一）存货分类

存货分类如表0-4所示。

表0-4　存货分类

类别编码	类别名称
01	原材料
02	产成品
03	周转材料

（二）存货档案

存货档案如表0-5所示。

表 0-5　存货档案

存货编号	存货名称	计量单位	所属分类码	存货属性	税率/%
101	圆钢 Φ12mm	吨	01 原材料	外购、生产耗用	13
102	圆钢 Φ16mm	吨	01 原材料	外购、生产耗用	13
103	机油	升	01 原材料	外购、生产耗用	13
104	润滑油	升	01 原材料	外购、生产耗用	13
105	棉纱	公斤①	01 原材料	外购、生产耗用	13
201	双头螺柱 M12×110	个	02 产成品	销售、自制	13
202	双头螺柱 M12×200	个	02 产成品	销售、自制	13
203	双头螺柱 M16×110	个	02 产成品	销售、自制	13
204	双头螺柱 M16×200	个	02 产成品	销售、自制	13
301	办公桌	张	03 周转材料	外购、生产耗用	13
302	办公椅	把	03 周转材料	外购、生产耗用	13
303	工作服	件	03 周转材料	外购、生产耗用	13
304	手套	副	03 周转材料	外购、生产耗用	13
305	包装箱	个	03 周转材料	外购、生产耗用	13

任务二　会计岗位设置

一、会计主管

（1）建立、健全、完善公司财务管理制度及流程，协助建立、健全公司内部控制制度；

（2）制定会计核算科目体系，组织公司日常会计核算工作；

（3）编制公司财务计划和财务预算，审核、分析、监督财务计划和财务预算的执行情况；

（4）负责各类资产核实，定期进行财产清查，确保账实相符；

（5）保管财务专用章，负责财务稽核；

（6）负责编制公司财务会计报告和纳税申报表；

（7）其他。

---

① 1公斤 =1000 克。

二、出纳

（1）按照国家现金管理制度和银行结算制度规定，办理现金收付和银行结算业务；

（2）按照国家外汇管理和结汇、购汇制度的规定及有关批件，办理外汇出纳业务；

（3）严格审核涉及出纳业务原始凭证；

（4）正确登记现金日记账和银行存款日记账，并与总账核对；

（5）定期进行库存现金、银行存款日记账的清查，确保账实相符；

（6）保管法人章、空白收据和空白支票等；

（7）其他。

提现流程

三、会计

（1）审核整理原始凭证；

（2）编制记账凭证；

（3）登记账簿；

（4）进行成本核算；

（5）保管空白发票及发票专用章；

（6）其他。

任务三　企业主要会计政策及核算方法

一、会计制度

企业会计制度采用《小企业会计准则2013》。

二、存货核算

（一）原材料、周转材料核算

原材料有圆钢Φ12mm、圆钢Φ16mm、机油、润滑油和棉纱；周转材料包括包装物（包装箱）和低值易耗品（办公桌、办公椅、工作服、手套），周转材料采用一次摊销法。材料核算采用实际成本法，发出材料采用先进先出法核算。

（二）产成品核算

产品有四种：双头螺柱M12×110、双头螺柱M12×200、双头螺柱M16×110和双头螺柱M16×200。产成品按实际成本进行核算。产品验收入库由仓管部填制"产品入库单"，产品发出填制"产品出库单"，计算入库产品单位成本、总成本及发出产品单位成本和总成本。

发出产品单位成本计算采用全月一次加权平均法，单位成本、总成本保留2位小数。单位成本不能整除时，对成本分配金额采用倒挤法核算，计入产品成本中。

（三）财产清查制度

公司存货采用永续盘存制。公司定期组织仓管部、财务部、厂办等部门成立财产清查小组，对存货进行盘点，编制"存货盘点报告表"，财务部根据账存数编制"账存实存对比表"，据此编制记账凭证。

三、固定资产折旧和无形资产摊销

固定资产折旧采用平均年限法，无形资产摊销采用直线法。

固定资产净残值率为4%，厂房建筑物的使用年限为20年，机器设备的使用年限为10年，其他固定资产的使用年限为5年。

四、成本计算方法

（一）生产成本核算

按"直接材料""直接人工"和"制造费用"分产品进行明细核算。

（二）制造费用核算

企业按费用项目设制造费用明细账，核算生产车间为管理和组织生产发生的费用，制造费用在产品之间分配采用工时法。分配率保留4位小数，分配率不能整除时，对费用分配金额采用倒挤法核算，计入双头螺柱M16×200产品中。

（三）产品成本计算

成本计算采用品种法，完工产品和在产品的分配采用约当产量法。原材料在生产开始时一次性投入，在产品的完工程度为50%。

五、职工薪酬核算

（1）公司职工每月工资由基本工资、岗位工资和津贴补贴三部分组成，病假缺勤扣款50元/天，事假缺勤扣款100元/天。

（2）按国家有关规定，扣除职工个人社会保险费，上缴个人所得税，并由单位代扣代缴。

"五险一金"的计提和缴存比例：养老保险企业16%，个人8%；医疗保险企业8%，个人2%；失业保险企业1%，个人0.5%；工伤保险企业0.5%，个人不缴纳；生育保险企业1%，个人不缴纳；住房公积金企业12%，个人12%。

为简化核算，按月预缴个人所得税，费用扣除标准为5000元/月，假定每个职工的专项附加扣除标准为0元/月，个人所得税预扣率如表0-6所示。

表 0-6　个人所得税预扣率

级数	累计预扣预缴应纳税所得额	预扣率/%	速算扣除数
1	不超过 36000 元	3	0
2	36000 元至 144000 元的部分	10	2520
3	144000 元至 300000 元的部分	20	16920
4	300000 元至 420000 元的部分	25	31920
5	420000 元至 660000 元的部分	30	52920
6	660000 元至 960000 元的部分	35	85920
7	超过 960000 元的部分	45	181920

备注：居民个人工资、薪金所得预扣预缴适用

（3）工会经费按工资总额的2%计提，职工教育经费按工资总额的2.5%计提。

（4）"五险一金"计提和缴存单位部分通过"应付职工薪酬"核算，个人部分通过"其他应付款"核算。

六、利润分配核算制度

企业按公司税后净利润的10%计提法定盈余公积金，按税后净利润的15%计提任意盈余公积金，按计提盈余公积金后的净利润的30%分配给投资者。

七、企业适用的主要税收政策

企业为一般纳税人，执行现行税收政策如下：

（1）企业为制造业，增值税税率为13%，主管税务机关核定纳税期为一个月，本月增值税在下月15日前清缴，当月取得的增值税进项发票均已通过税务机关认证；

（2）企业城市维护建设税、教育费附加、地方教育附加费分别按本月应交增值税额的7%、3%和2%计算缴纳，纳税期限为一个月；

（3）企业所得税税率为25%。

八、账簿组织程序

（一）记账凭证

手工实训采用"收、付、转"记账凭证，信息化实训采用通用记账凭证。

（二）账簿组织

企业开设总分类账、明细分类账和日记账。库存商品、原材料、周转材料等存货类明细账户采用数量金额式账页；应交增值税明细账采用增值税专用账页；成本、费用、收入类明

记账凭证的填制

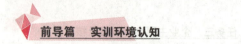

细账户采用多栏式账页；总分类账和其他明细账户采用三栏式账页。

（三）会计核算程序

手工实训采用科目汇总表会计核算程序，信息化实训采用记账凭证会计核算程序。

项目一
期初建账

知识目标

1.了解期初建账的基本内容和流程；

2.熟悉账簿启用规则和登记方法；

3.掌握信息化模式下账套基础设置、期初余额录入和试算平衡的方法。

能力目标

1.能够根据实训资料启用账簿、登记期初余额并完成对账和试算平衡；

2.能够根据实训资料创建账套、设置操作员基础信息和操作权限，会备份和恢复账套，完成相应初始设置；

3.能够完成总账、固定资产、工资系统的初始设置，录入期初数据。

素质目标

做事注重点滴积累，培养勤奋好学、坚持准则、知行合一的优良品质。

实训资料

一、账套信息

（一）企业基本信息

账套号：001

账套名称：东发标准件制造有限公司

启用会计期：2022年1月

单位名称：东发标准件制造有限公司

单位简称：东发公司

单位地址：东发市经济技术开发区长江路55号

法人代表：江东发

邮政编码：674532

联系电话及传真：0123-3456789

电子邮件：dfbzjzzyxgs@163.com

纳税人识别号：924857477363358123B

银行名称：中国工商银行东发支行

银行账号：663243429858253894

成立日期：2020年5月6日

本币代码：RMB

本币名称：人民币

企业类型：工业

行业性质：小企业会计准则（2013年）

会计科目：按行业性质预置科目

分类情况：存货分类、客户分类、供应商分类、无外币业务

编码级次：部门编码级次2

账套启用：总账、工资管理、固定资产，2022年1月1日

（二）操作员信息

操作员信息如表1-1所示。

表 1-1 操作员信息

编号	姓名	所属部门	权限
201	张凡	财务部	账套主管
202	白小艺	财务部	公用目录设置、总账(除审核凭证、出纳签字、恢复记账前状态)、固定资产、工资管理
203	孙晓艳	财务部	现金管理、总账（出纳签字）

二、机构设置

（一）部门档案

部门档案如表1-2所示。

表 1-2 部门档案

部门编码	部门名称
01	厂办
02	财务部
03	采购部
04	仓管部
05	销售部
06	生产车间

（二）职员档案

详见前导篇任务一表0-1企业职员档案。

三、往来单位设置

（一）客户分类

客户分类如表1-3所示。

表 1-3　客户分类

类别编码	类别名称
01	本地
02	异地

（二）供应商分类

供应商分类如表1-4所示。

表 1-4　供应商分类

类别编码	类别名称
01	本地
02	异地

（三）客户档案

客户档案如表1-5所示。

表 1-5　客户档案

客户编号	客户名称	客户简称	分类码	税号	开户银行	银行账号	地址	邮编	电话
01	常顺有限责任公司	常顺公司	01	98676565370303031A	中国工商银行经三路支行	9584505406464748633	东发市经三路88号	674532	0123-86565655
02	雪亮有限责任公司	雪亮公司	01	47564598654689547W	中国工商银行为实路支行	9584505654787878587	东发市为实路4号	674532	0123-84554776
03	菲亚有限责任公司	菲亚公司	02	56598603037637031C	中国建设银行南海支行	4647486338450540642	南海市雨花路66号	710000	0256-54554665

（四）供应商档案

供应商档案如表1-6所示。

表 1-6　供应商档案

供应商编号	供应商名称	供应商简称	分类码	纳税人识别号	开户银行	开户银行账号	地址	邮编	电话
01	通原机械有限责任公司	通原公司	01	65444333232555555B	中国工商银行东发支行	8633955868694680800	东发市雨花路3号	674532	0123-65479888

续表

供应商编号	供应商名称	供应商简称	分类码	纳税人识别号	开户银行	开户银行账号	地址	邮编	电话
02	南风钢铁有限责任公司	南风公司	02	65653703030311233V	中国工商银行河海分行	8633958450540646474	河海市幸福路33号	671100	6531-34565655
03	中国平安财产保险股份有限公司东发中心支公司	平安保险	01	65678543232333124A	中国工商银行东发支行	8633686790946799558	东发市光合路56号	674533	0123-65589754

四、存货设置

（一）存货分类

详见前导篇任务一表0-4存货分类。

（二）存货档案

详见前导篇任务一表0-5存货档案。

五、财务设置

（一）会计科目

指定科目：1001库存现金为现金总账科目；1002银行存款为银行总账科目。

凭证类别：记账凭证。

账套已预置部分会计科目，请根据表1-7的内容，新增或修改会计科目。

表1-7　会计科目

科目编码	科目名称	辅助核算	账页格式
101201	银行汇票存款		
101202	支付宝		
1121	应收票据	客户往来	
1122	应收账款	客户往来	
1123	预付账款	供应商往来	
122101	职员	个人往来	
140201	圆钢 Φ12mm		
140202	圆钢 Φ16mm		
140301	圆钢 Φ12mm		数量金额式，单位：吨
140302	圆钢 Φ16mm		数量金额式，单位：吨
140303	棉纱		数量金额式，单位：公斤
140304	润滑油		数量金额式，单位：升
140305	机油		数量金额式，单位：升
140501	双头螺柱 M12×110		数量金额式，单位：个
140502	双头螺柱 M12×200		数量金额式，单位：个

科目编码	科目名称	辅助核算	账页格式
140503	双头螺柱 M16×110		数量金额式，单位：个
140504	双头螺柱 M16×200		数量金额式，单位：个
141101	低值易耗品		
14110101	手套		数量金额式，单位：副
14110102	工作服		数量金额式，单位：套
14110103	办公桌		数量金额式，单位：张
14110104	办公椅		数量金额式，单位：把
141102	包装物		
14110201	包装箱		数量金额式，单位：个
160401	车间		
160402	拔丝机		
2201	应付票据	供应商往来	
220201	货款	供应商往来	
220202	暂估款		
220203	水电费		
2203	预收账款	客户往来	
22210104	转出未交增值税		
22210105	进项税额转出		
22210107	转出多交增值税		
22210108	减免税额		
222116	地方教育费附加		
223201	海利有限责任公司		
224101	社保费		
224102	公积金		
224103	押金	客户往来	
224104	其他		
250101	本金		
300101	海利有限责任公司		
300102	东旭汽车有限责任公司		
300103	华都投资有限责任公司		
400101	直接材料	项目核算	
400102	直接人工	项目核算	
400103	制造费用	项目核算	
410101	折旧费		
410102	职工薪酬		
410103	水电费		
410104	维修保养费		
410105	机物料		
410106	劳保费		
410107	其他		
5001	主营业务收入	项目核算	
530105	没收押金		

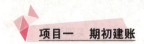

续表

科目编码	科目名称	辅助核算	账页格式
530106	盘盈收入		
5401	主营业务成本	项目核算	
5403	税金及附加		
560107	职工薪酬		
560108	差旅费		
560109	折旧费		
560110	水电费		
560111	运输费		
560112	出借包装物		
560113	办公费		
560114	其他		
560209	职工薪酬		
560212	办公费	部门核算	
560213	差旅费		
560215	维修保养费		
560217	其他		
560305	利息收入		
560306	贴现利息		
571106	捐赠支出		
571107	处置非流动资产损失		
571108	盘亏损失		

（二）项目目录

项目大类：产品。

核算科目：400101直接材料、400102直接人工、400103制造费用、5001主营业务收入、5401主营业务成本。

项目分类如表1-8所示。

表1-8　项目分类

分类编码	分类名称
1	M12
2	M16

项目目录如表1-9所示。

表1-9　项目目录

项目编号	项目名称	是否结算	所属分类码
01	双头螺柱 M12×110	否	1
02	双头螺柱 M12×200	否	1
03	双头螺柱 M16×110	否	2
04	双头螺柱 M16×200	否	2

六、收付结算设置

（一）结算方式

结算方式如表1-10所示。

表1-10　结算方式

类别编码	类别名称
1	支票
101	现金支票
102	转账支票
2	银行汇票
3	电汇
4	商业汇票
401	银行承兑汇票
402	商业承兑汇票
5	托收
6	网银转账
7	其他

（二）付款条件

现金折扣付款条件：2/10，1/20，n/30。

（三）开户银行

详见前导篇任务一表0-2开户银行信息。

七、账户期初余额设置

账户期初余额如表1-11所示。

表1-11　账户期初余额

科目编码	科目名称	期初借方/元	期初贷方/元
1001	库存现金	8146.00	
1002	银行存款	244682.84	
1012	其他货币资金	4000.00	
101202	支付宝	4000.00	
1121	应收票据	67800.00	
1403	原材料	112700.00	
140301	圆钢 Φ12mm	50000.00	
140302	圆钢 Φ16mm	61600.00	
140303	棉纱	250.00	

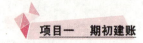

科目编码	科目名称	期初借方/元	期初贷方/元
140304	润滑油	450.00	
140305	机油	400.00	
1405	库存商品	168000.00	
140501	双头螺柱 M12×110	24000.00	
140502	双头螺柱 M12×200	36000.00	
140503	双头螺柱 M16×110	42000.00	
140504	双头螺柱 M16×200	66000.00	
1601	固定资产	9096000.00	
1602	累计折旧		801344.00
1604	在建工程	1386710.73	
160401	生产车间	1386710.73	
2001	短期借款		600000.00
2201	应付票据		56500.00
2211	应付职工薪酬		158925.98
221101	应付职工工资		86110.32
221104	应付社会保险费		29468.01
221105	应付住房公积金		13344.00
221106	应付工会经费		11443.65
221107	应付教育经费		18560.00
2221	应交税费		92319.68
222102	未交增值税		50000.00
222106	应交所得税		36250.00
222108	应交城市维护建设税		3500.00
222112	应交个人所得税		69.68
222113	教育费附加		1500.00
222116	地方教育费附加		1000.00
2231	应付利息		42500.00
2232	应付利润		225000.00
223201	海利有限责任公司		225000.00
2241	其他应付款		30020.00
224101	社保费		11676.00
224102	公积金		13344.00
224103	押金		5000.00
2501	长期借款		1000000.00
250101	本金		1000000.00
3001	实收资本		7000000.00
300101	海利有限责任公司		7000000.00
3101	盈余公积		350000.00
310101	法定盈余公积		140000.00

科目编码	科目名称	期初借方/元	期初贷方/元
310102	任意盈余公积		210000.00
3104	利润分配		735000.00
310415	未分配利润		735000.00
4001	生产成本	3570.09	
400101	直接材料	2260.00	
400102	直接人工	591.27	
400103	制造费用	718.82	

账户余额说明如下：

1.存货明细

存货明细如表1-12所示。

表1-12 存货明细

存货分类	存货名称	单位	数量	单位成本/元	金额/元
原材料	圆钢 Φ12 mm	吨	10	5000	50000
	圆钢 Φ16 mm	吨	11	5600	61600
	棉纱	公斤	10	25	250
	润滑油	升	100	4.5	450
	机油	升	100	4	400
	合计				112700
库存商品	双头螺柱 M12×110	个	40000	0.6	24000
	双头螺柱 M12×200	个	30000	1.2	36000
	双头螺柱 M16×110	个	35000	1.2	42000
	双头螺柱 M16×200	个	30000	2.2	66000
	合计				168000

2.客户往来明细

客户往来明细如表1-13所示。

表1-13 客户往来明细

日期	摘要	客户	科目	金额/元
2021-12-31	销售商品	常顺有限责任公司	1121 应收票据	67800
2021-12-31	包装物押金	常顺有限责任公司	224103 其他应付款——押金	2000
2021-12-31	包装物押金	菲亚有限责任公司	224103 其他应付款——押金	3000

3.供应商往来明细

供应商往来明细如表1-14所示。

表1-14 供应商往来明细

日期	摘要	客户	科目	金额/元
2021-12-31	购买材料	南风钢铁有限责任公司	2201 应付票据	56500

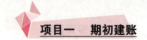

4.生产成本明细

生产成本明细如表1-15所示。

表1-15　生产成本明细

项目	直接材料/元	直接人工/元	制造费用/元	合计/元
M16×110	860	273.73	513.10	1646.83
M16×200	1400	317.54	205.72	1923.26

备注：出纳凭证必须经由出纳签字

八、固定资产设置

（一）基础信息

账套启用月份：2022年1月

主要折旧方法：平均年限法（一）

折旧汇总分配周期：1个月

资产类别编码方式：1111

固定资产编码方式：自动编码=类别编号+序号

序号长度：5

与账务系统进行对账：是

固定资产对账科目：1601，固定资产

累计折旧对账科目：1602，累计折旧

在对账不平衡情况下允许固定资产月末结账：否

月末结账前一定要完成制单登账业务

可纳税调整的增加方式：直接购入，投资者投入

固定资产缺省入账科目：1601，固定资产

累计折旧缺省入账科目：1602，累计折旧

可抵扣税额入账科目：22210101，应交税费/应交增值税/进项税额

（二）部门对应折旧科目

部门对应折旧科目如表1-16所示。

表1-16　部门对应折旧科目

部门	对应折旧科目
厂办	560210 管理费用 / 折旧费
财务部	560210 管理费用 / 折旧费
采购部	560210 管理费用 / 折旧费
仓管部	560210 管理费用 / 折旧费
销售部	560109 销售费用 / 折旧费
生产车间	410101 制造费用 / 折旧费

（三）资产类别

详见前导篇任务一表0-3固定资产类别。

（四）固定资产原始卡片录入

固定资产原始卡片如表1-17所示。

表1-17　固定资产原始卡片

编号	名称	类别	部门	规格型号	增加方式	开始使用日期	原值/元	已计提折旧/元
100001	厂房	厂房及建筑物	生产车间		直接购入	2020-05-06	5000000	380000
100002	办公楼	厂房及建筑物	厂办		直接购入	2020-05-06	3000000	228000
200003	惠普电脑	电子设备	厂办		直接购入	2020-05-06	5000	1520
200004	华硕电脑	电子设备	财务部		直接购入	2020-05-06	5000	1520
200005	打印机	电子设备	厂办		直接购入	2020-05-06	6000	1824
200006	空调	电子设备	厂办		直接购入	2020-05-06	10000	3040
300007	抛丸机	机器设备	生产车间		直接购入	2020-05-06	300000	45600
300008	拔丝机	机器设备	生产车间	800	直接购入	2020-05-06	80000	12160
300009	截断机	机器设备	生产车间	12	直接购入	2020-05-06	120000	18240
300010	截断机	机器设备	生产车间	16	直接购入	2020-05-06	120000	18240
300011	滚丝机	机器设备	生产车间	1	直接购入	2020-05-06	50000	7600
300012	滚丝机	机器设备	生产车间	2	直接购入	2020-05-06	50000	7600
300013	滚丝机	机器设备	生产车间	3	直接购入	2020-05-06	50000	7600
300014	滚丝机	机器设备	生产车间	4	直接购入	2020-05-06	50000	7600
300015	滚丝机	机器设备	生产车间	5	直接购入	2020-05-06	50000	7600
300016	滚丝机	机器设备	生产车间	6	直接购入	2020-05-06	50000	7600
400017	小轿车	运输设备	厂办		直接购入	2020-05-06	150000	45600

备注：固定资产全部在使用

九、工资设置

（一）基础信息

工资类别：单个。

从工资中代扣个人所得税，按月扣除；不扣零；人员编码长度3位。

人员类别设置：管理人员、销售人员、车间管理、M12×110生产工人、M12×200生产工人、M16×110生产工人、M16×200生产工人。

将白小艺指定为工资类别主管。

（二）银行名称设置

银行名称：中国工商银行东发支行；账号长度：11。

（三）工资项目

工资项目如表1-18所示。

表 1-18　工资项目

工资项目名称	类型	长度	小数	增减项
基本工资	数字	10	2	增项
岗位工资	数字	10	2	增项
津贴补贴	数字	10	2	增项
病假天数	数字	10	0	其他
病假扣款	数字	10	2	减项
事假天数	数字	10	0	其他
事假扣款	数字	10	2	减项
应发合计	数字	10	2	增项
养老保险	数字	10	2	减项
医疗保险	数字	10	2	减项
失业保险	数字	10	2	减项
住房公积金	数字	10	2	减项
计税工资	数字	10	2	其他
代扣税	数字	10	2	减项
扣款合计	数字	10	2	减项
实发合计	数字	10	2	增项

（四）公式设置

公式设置如表1-19所示。

表 1-19　公式设置

工资项目	工资公式
岗位工资	管理人员2000，销售人员3000，车间管理2000，其他1500
津贴补贴	厂办1000，财务部900，采购部800，仓管部600，销售部900，生产车间850
病假扣款	50×病假天数
事假扣款	100×事假天数
应发合计	基本工资＋岗位工资＋津贴补贴－病假扣款－事假扣款
养老保险	应发合计×0.08
医疗保险	应发合计×0.02
失业保险	应发合计×0.005
住房公积金	应发合计×0.12
计税工资	应发合计－养老保险－医疗保险－失业保险－住房公积金
扣款合计	养老保险＋医疗保险＋失业保险＋住房公积金＋代扣税
实发合计	应发合计－扣款合计

（五）扣缴个人所得税

扣缴个人所得税：以计税工资为基数，费用扣除基数为5000元/月，费用附加扣除为0。

（六）人员档案

人员档案如表1-20所示。

表1-20　人员档案

编号	姓名	部门	人员类别	银行账号
101	江东发	厂办	管理人员	66320000001
102	王新河	厂办	管理人员	66320000002
201	张凡	财务部	管理人员	66320000003
202	白小艺	财务部	管理人员	66320000004
203	孙晓艳	财务部	管理人员	66320000005
301	何海涛	采购部	管理人员	66320000006
401	刘东瑞	仓管部	管理人员	66320000007
501	冯明宇	销售部	销售人员	66320000008
601	杜三强	生产车间	车间管理	66320000009
602	丁岩	生产车间	M12×110 生产工人	66320000010
603	费苗苗	生产车间	M12×110 生产工人	66320000011
604	郑思思	生产车间	M12×200 生产工人	66320000012
605	田晓梦	生产车间	M12×200 生产工人	66320000013
606	谷玉强	生产车间	M12×200 生产工人	66320000014
607	曹大江	生产车间	M16×110 生产工人	66320000015
608	胡胜南	生产车间	M16×110 生产工人	66320000016
609	李雷雷	生产车间	M16×200 生产工人	66320000017
610	裴亚梅	生产车间	M16×200 生产工人	66320000018
611	潘悦悦	生产车间	M16×200 生产工人	66320000019

任务一　建立手工账

任务准备

知识准备

1.了解账簿的分类和格式；

2.熟悉账簿的启用规则。

技能准备

能根据实训资料正确开设总账、日记账和明细账。

资料准备

1.总账；

2.日记账：库存现金日记账和银行存款日记账；

3.明细账：三栏式明细账、数量金额式明细账和多栏式明细账。

知识拓展

　　启用账簿时，应在账簿封面上写明单位名称和账簿名称。在账簿扉页上应附"账簿使用登记表"或"账簿启用表"，其内容包括：启用日期、账簿页数、记账人员和会计主管人员姓名，并加盖人名章和单位公章。记账人员或会计人员调动工作时，应注明交接日期、接办人员和监交人员姓名，由交接双方签名或盖章。

　　启用订本式账簿，对于未印制顺序号的账簿，应从第一页到最后一页顺序编定页数，不得跳页、缺号。使用活页式账页，应按账页顺序编号，并须定期装订成册。装订后再按实际使用的账页顺序编定页数，另加目录，记明每个账户的名称和页次。

任务要求

根据实训资料开设总账、库存现金日记账、银行存款日记账和相应明细账。

启用账簿　　　　　账页二维码

导师寄语

　　"好的开始是成功的一半"，期初建账是会计工作的第一步，是确保会计工作质量的基石。在建账的过程中需要会计人员细心，有耐心，稍有差错就可能导致整个会计信息失去真实性及完整性。

任务评价

项目一 期初建账

任务一 建立手工账

实训评价表

班级: 姓名: 日期:

考核项目		考核内容	分值	评分				小计
				学生自评20%	学生互评20%	教师评价30%	导师评价30%	
课前	知识预习	认真自学微课与课本，预习相关知识	10					
课中	团队合作	在课堂上积极参与小组讨论，与同学之间互帮互助	15					
	纪律性	遵守课堂纪律，不迟到，不早退	15					
	学习的主动性	在实训中主动学习相关知识，积极回答老师问题	15					
课后	专业知识的学习	能够正确完成日记账、总账和明细账的期初建账工作	35					
	作业的完成	完成老师布置的课后作业，巩固课中所学	10					
总评			100	——	——	——	——	

综合评价：1.优秀（≥90分） 2.良好（75~89分） 3.及格（60~74分） 4.不及格（<60分）

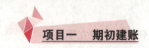

实训总结

实训时间：

班级		组别	
小组成员			
实训内容与目标			
实训过程与效果			
实训总结			

实训总结

任务二　建立信息化账

任务准备

知识准备

知悉会计信息化软件账套建立、初始设置及检查的方法。

技能准备

能熟练运用会计信息化软件完成初始账套建立、设置及检查。

资料准备

会计信息化软件。

知识拓展

用友 T3 如何备份账套？

1.打开用友T3的系统管理功能；

2.用户名输入admin，这个用户是做账套的全部备份，包括所有年度；

3.登录后，选择账套菜单的备份功能；

4.打开磁盘目录，新建一个文件夹，名字最好是用"账套号+日期"的格式；

5.选择需要备份的账套；

6.双击刚才需要备份的文件夹的名字；

7.备份成功后，可以看到文件夹中有两个备份文件。

任务要求

根据实训资料，在会计信息化软件中完成建账和初始化设置。

账户期初余额录入　　　工资项目设置

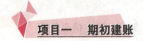 **导师寄语**

　　当今，我们正处在大数据、智能化时代，信息化成为决定企业成败的关键因素之一，会计工作亦是如此。期初建账是会计信息化软件运用的基础，但比较烦琐，需要考虑到方方面面，需要同学们对会计工作有一个系统化的认识和理解。

任务评价

项目一　期初建账

任务二　建立信息化账

实训评价表

班级：　　　　　姓名：　　　　　日期：

考核项目		考核内容	分值	评分				
				学生自评20%	学生互评20%	教师评价30%	导师评价30%	小计
课前	知识预习	认真自学微课与课本，预习相关知识	10					
课中	团队合作	在课堂上积极参与小组讨论，与同学之间帮互助	15					
	纪律性	遵守课堂纪律，不迟到，不早退	15					
	学习的主动性	在实训中主动学习相关知识，积极回答老师问题	15					
课后	专业知识的学习	能够正确完成新建账套和总账、工资、固定资产模块的初始化设置工作	35					
	作业的完成	完成老师布置的课后作业，巩固课中所学	10					
总评			100	—	—	—	—	

综合评价：1. 优秀（≥90分）　2. 良好（75-89分）　3. 及格（60-74分）　4. 不及格（<60分）

实训总结

实训时间：

班级		组别	
小组成员			
实训内容与目标			
实训过程与效果			
实训总结			

项目二
日常业务处理

 学习目标

知识目标

1.熟悉企业日常业务的核算；

2.熟悉会计凭证填制、审核的要求及账簿的登记方法；

3.熟悉信息化总账、固定资产和工资系统的日常账务处理流程。

能力目标

1.能熟练填制、审核原始凭证和记账凭证；

2.能熟练登记总账、日记账、明细账；

3.能熟练运用总账模块编制会计凭证；

4.能熟练运用固定资产模块处理相关业务；

5.能熟练运用工资模块完成企业薪酬核算。

素质目标

培养学生诚实守信和依法纳税的社会责任意识，自觉把小我融入大我，将社会主义核心价值观内化为精神追求，外化为自觉行动。

实训业务

本实训业务所提图序均同步实训资料图序。

东发标准件制造有限公司2022年1月份发生了如下经济业务，请根据业务内容完善、审核原始凭证（详见实训资料），编制记账凭证，登记日记账和明细账。

银行存款日记账的登记　　　总账业务处理

【业务1】2022年1月4日，采购材料。原始凭证详见图2-1~图2-4。

【业务2】2022年1月4日，采购工作服、手套（全部验收入库）。原始凭证详见图2-5~图2-8。

【业务3】2022年1月4日，期初票据贴现，不附追索权。原始凭证详见图2-9、图2-10。

【业务4】2022年1月4日，生产领用材料。原始凭证详见图2-11。

【业务5】2022年1月5日，收到固定资产（信息化要求：在固定资产模块录入卡片，生成凭证）和货币投资。原始凭证详见图2-12~图2-17。

投入资本的核算固定　资产增加业务处理

【业务6】2022年1月5日，为投入车辆购买保险、车船税。原始凭证详见图2-18~图2-20。

【业务7】2022年1月5日，收回常顺有限责任公司包装箱，退还押金。原始凭证详见图2-21。

【业务8】2022年1月6日，预付货款。原始凭证详见图2-22、图2-23。

【业务9】2022年1月6日，销售部购买笔记本电脑1台（信息化要求：在固定资产模块录入卡片，生成凭证）。原始凭证详见图2-24~图2-27。

【业务10】2022年1月6日，生产车间领用手套22副，单价2元，工作服11套，单价80元。原始凭证详见图2-28。

【业务11】2022年1月6日，采购部经理何海涛出差，预借差旅费。原始凭证详见图2-29。

【业务12】2022年1月6日，菲亚有限责任公司包装箱损毁，没收押金。原始凭证详见图2-30。

【业务13】2022年1月7日，生产车间领用棉纱2公斤，单价25元，机油5升，单价4元，润滑油20升，单价4.5元。原始凭证详见图2-31。

【业务14】2022年1月7日，厂办报销业务招待餐费。原始凭证详见图2-32、图2-33。

【业务15】2022年1月7日，车间购买1台需要安装的拔丝机。原始凭证详见图2-34~图2-36。

【业务16】2022年1月8日，安装拔丝机。原始凭证详见图2-37~图2-39。

【业务17】2022年1月10日，拔丝机交生产车间使用，预计使用年限10年（信息化要求：在固定资产模块录入卡片，生成凭证）。原始凭证详见图2-40。

【业务18】2022年1月10日，仓管员刘东瑞报销医疗费用（个人缴费金额）。原始凭证详见图2-41。

【业务19】2022年1月10日，采购部经理何海涛报销差旅费。原始凭证详见图2-42~图2-47。

差旅费报销

【业务20】2022年1月10日，销售部冯明宇预借差旅费3000元，出差地点：南海市；起止日期：2022-01-11至2022-01-16；出差事由：参加展销会；电话：13847585356；员工号：501；出纳以现金付讫。原始凭证详见图2-48。

【业务21】2022年1月10日，采购材料，材料入库，支付余款（生成两笔会计分录）。原始凭证详见图2-49~图2-52。

【业务22】2022年1月10日，产品完工入库。原始凭证详见图2-53。

【业务23】2022年1月11日，采购原材料。原始凭证详见图2-54~图2-57。

【业务24】2022年1月11日，销售产品。原始凭证详见图2-58~图2-60。

【业务25】2022年1月11日，支付税控设备技术维护费。原始凭证详见图2-61~图2-63。

【业务26】2022年1月11日，提现备用。原始凭证详见图2-64。

【业务27】2022年1月12日，支付滚丝机维修费。原始凭证详见图2-65~图2-67。

【业务28】2022年1月12日，收到货币资金投资。原始凭证详见图2-68~图2-70。

【业务29】2022年1月12日，支付培训费。原始凭证详见图2-71~图2-73。

【业务30】2022年1月12日，上缴上月税费。原始凭证详见图2-74。

【业务31】2022年1月12日，上缴上月社保和公积金。原始凭证详见图2-75。

【业务32】2022年1月12日，采购包装箱。原始凭证详见图2-76~图2-79。

【业务33】2022年1月13日，生产领用材料。原始凭证详见图2-80。

【业务34】2022年1月13日，按合同约定预收货款6万元。原始凭证详见图2-81、图2-82。

【业务35】2022年1月15日，收到雪亮公司支票一张，支票号码27424532，用于支付1月11日（合同220111）所购货物的款项。原始凭证详见图2-83。

【业务36】2022年1月15日，采购办公桌椅。原始凭证详见图2-84~图2-87。

【业务37】2022年1月15日，发放上月工资。原始凭证详见图2-88。

【业务38】2022年1月16日，冯明宇出差回来报销差旅费，出差补贴200元/日，差额现金结算。原始凭证详见图2-89~图2-94。

【业务39】2022年1月16日，采购材料。原始凭证详见图2-95~图2-97。

【业务40】2022年1月17日，支付1月16日购买南风钢铁原材料运费，运费按重量分摊。原始凭证详见图2-98~图2-100。

运费的核算

【业务41】2022年1月17日，上述材料入库。原始凭证详见图2-101。

【业务42】2022年1月17日，销售产品。原始凭证详见图2-102~图2-104。

【业务43】2022 年 1 月 17 日，厂办采购复印纸、墨盒。原始凭证详见图 2-105。

【业务44】2022 年 1 月 17 日，向常顺有限责任公司发出产品（合同编号 220113）。原始凭证详见图 2-106、图 2-107。

【业务45】2022 年 1 月 17 日，销售部领用包装箱，出借给常顺有限责任公司，同时收取押金。原始凭证详见图 2-108、图 2-109。

【业务46】2022 年 1 月 17 日，销售部采购办公用品。原始凭证详见图 2-110。

【业务47】2022 年 1 月 18 日，收到常顺有限责任公司补付货款。原始凭证详见图 2-111。

【业务48】2022 年 1 月 20 日，产品完工入库。原始凭证详见图 2-112。

【业务49】2022 年 1 月 20 日，支付广告费。原始凭证详见图 2-113~图 2-115。

【业务50】2022 年 1 月 20 日，向希望工程小学捐款。原始凭证详见图 2-116、图 2-117。

【业务51】2022 年 1 月 20 日，厂办报销高速公路通行费。原始凭证详见图 2-118。

【业务52】2022 年 1 月 20 日，申请银行汇票一张。原始凭证详见图 2-119。

【业务53】2022 年 1 月 21 日，采购材料，销售方代垫运费，款项以银行汇票支付，运费按重量分摊，当日银行退回多余款项。原始凭证详见图 2-120~图 2-125。

【业务54】2022 年 1 月 21 日，向菲亚有限责任公司销售产品。原始凭证详见图 2-126~图 2-129。

【业务55】2022 年 1 月 21 日，生产领用材料。原始凭证详见图 2-130。

【业务56】2022 年 1 月 21 日，常顺有限责任公司退回 M16×110 产品 1000 个。原始凭证详见图 2-131~图 2-133。

【业务57】2022 年 1 月 21 日，支付水电费。原始凭证详见图 2-134~图 2-139。

【业务58】2022 年 1 月 21 日，支付短期借款利息。原始凭证详见图 2-140、图 2-141。

【业务59】2022 年 1 月 21 日，还款。原始凭证详见图 2-142~图 2-144。

【业务60】2022 年 1 月 21 日，计提长期借款利息。原始凭证详见图 2-145。

【业务61】2022 年 1 月 21 日，收到存款利息。原始凭证详见图 2-146。

【业务62】2022 年 1 月 22 日，报废一台滚丝机（信息化要求：在固定资产模块减少，生成凭证）。原始凭证详见图 2-147。

固定资产减少业务处理

【业务63】2022 年 1 月 22 日，支付滚丝机的清理费用。原始凭证详见图 2-148。

【业务64】2022 年 1 月 22 日，收到滚丝机残料收入。原始凭证详见图 2-149。

【业务65】2022 年 1 月 22 日，结转滚丝机固定资产清理。原始凭证详见图 2-150。

【业务66】2022年1月24日，借款。原始凭证详见图2-151、图2-152。

【业务67】2022年1月24日，支付生产车间设备保养费。原始凭证详见图2-153~图2-155。

【业务68】2022年1月24日，销售原材料。原始凭证详见图2-156~图2-158。

【业务69】2022年1月25日，采购原材料，料到，账单未到，款项未付。原始凭证详见图2-159。

【业务70】2022年1月25日，购买印花税票。原始凭证详见图2-160、图2-161。

【业务71】2022年1月26日，购专利权一项。原始凭证详见图2-162~图2-164。

【业务72】2022年1月26日，收菲亚有限责任公司1月21日货款。原始凭证详见图2-165。

【业务73】2022年1月26日，支付股东海利有限责任公司去年的利润225 000元。原始凭证详见图2-166。

【业务74】2022年1月27日，厂办修空调。原始凭证详见图2-167~图2-169。

【业务75】2022年1月28日，销售产品。原始凭证详见图2-170、图2-171。

【业务76】2022年1月29日，采购牛奶，发放给职工，每人一箱。原始凭证详见图2-172~图2-174。

【业务77】2022年1月30日，产品完工入库。原始凭证详见图2-175。

【业务78】2022年1月30日，根据工资分配汇总表，分配工资（信息化要求：在工资模块录入基本工资、病事假天数，计提当月工资，计提类别名称为工资，项目为应发合计，核算所有部门，分配到部门，明细到工资项目，合并相同科目；王新河请病假1天）。原始凭证详见图2-176、图2-177。

计提工资业务处理

【业务79】2022年1月30日，根据工资结算单，计提社保、公积金（信息化要求：在工资模块计提社保费和公积金，计提类别名称分别为社保费、公积金，项目为应发合计，核算所有部门，分配到部门，明细到工资项目，合并相同科目）。原始凭证详见图2-178。

【业务80】2022年1月30日，根据工资结算单，计提工会经费、职工教育经费（信息化要求：在工资模块计提工会经费、职工教育经费，计提类别名称分别为工会经费、职工教育经费，项目为应发合计，核算所有部门，分配到部门，明细到工资项目，合并相同科目）。原始凭证详见图2-179。

【业务81】2022年1月30日，根据工资结算单，结转代扣款项。原始凭证详见图2-176。

【业务 82】2022 年 1 月 30 日，计提折旧（信息化要求：在固定资产模块计提折旧，合并相同科目）。原始凭证详见图 2-180。

【业务 83】2022 年 1 月 30 日，计提无形资产摊销。原始凭证详见图 2-181。

【业务 84】2022 年 1 月 30 日，摊销本月车辆保险费。原始凭证详见图 2-182。

【业务 85】2022 年 1 月 30 日，分配水电费。原始凭证详见图 2-183、图 2-184。

【业务 86】2022 年 1 月 30 日，分配制造费用。原始凭证详见图 2-185。

【业务 87】2022 年 1 月 30 日，填制原始凭证 87-1、87-2、87-3、87-4（见图 2-186~图 2-189），分别结转四种完工产品成本，已知本月期末双头螺柱 M16×110 在产品 2000 个，双头螺柱 M16×200 在产品 1000 个，其他无在产品。

完工入库产品的核算

【业务 88】2022 年 1 月 30 日，结转已销产品成本。原始凭证详见图 2-190。

【业务 89】2022 年 1 月 30 日，本月 25 日采购的原材料，账单仍未到（暂估价 20000 元）。

【业务 90】2022 年 1 月 30 日，月末盘点原材料。原始凭证详见图 2-191。

【业务 91】2022 年 1 月 30 日，经领导批准，对盘盈原材料进行账务处理。原始凭证详见图 2-192。

【业务 92】2022 年 1 月 30 日，月末盘点产成品。原始凭证详见图 2-193。

【业务 93】2022 年 1 月 30 日，经领导批准，对盘亏产成品进行账务处理。原始凭证详见图 2-194。

【业务 94】2022 年 1 月 31 日，结转增值税。原始凭证详见图 2-195。

【业务 95】2022 年 1 月 31 日，计提城市维护建设税、教育费附加、地方教育费附加。原始凭证详见图 2-196。

任务一　手工账处理

任务准备

知识准备

1.熟悉日常经济业务涉及的账户；

2.熟悉相关账户的核算内容和基本结构。

技能准备

1.能填制、审核原始凭证和记账凭证；

2.能正确计算成本、费用；

3.能登记日记账和明细账。

资料准备

1.记账凭证；

2.日记账：库存现金日记账和银行存款日记账；

3.明细账：三栏式明细账、数量金额式明细账和多栏式明细账。

知识拓展

　　依据《国家税务总局关于国内旅客运输服务进项税抵扣等增值税征管问题的公告》（国家税务总局公告2019年第31号）等有关规定，2019年4月1日起，国内旅客运输服务票据增值税抵扣情况如下：

　　1.取得注明旅客身份信息的航空运输电子客票行程单的，可按9%抵扣进项税额；

　　2.取得注明旅客身份信息的铁路车票的，可按9%抵扣进项税额；

　　3.取得注明旅客身份信息的公路、水路等其他客票的，可按3%抵扣进项税额；

　　4.取得旅客运输增值税电子普通发票的，按照增值税电子普通发票上注明的增值税额抵扣进项税额。

任务要求

根据实训资料填制相关原始凭证，编制记账凭证并登记相关账簿。

手工账答案

凭证二维码

导师寄语

　　每个会计人员都是一名画师，用名为会计语言的笔描绘着生活中发生的经济业务。在这个过程中，我们要读懂原始凭证背后的现实，据实填充单据的空白，日复一日，年复一年，用严谨认真的职业态度描述每一笔业务。

任务评价

项目二 日常业务处理

任务一 手工账处理

实训评价表

班级: 姓名: 日期:

考核项目		考核内容	分值	评分				小计
				学生自评20%	学生互评20%	教师评价30%	导师评价30%	
课前	知识预习	认真自学微课与课本，预习相关知识	10					
	团队合作	在课堂上积极参与小组讨论，与同学之间互帮互助	15					
课中	纪律性	遵守课堂纪律，不迟到、不早退	15					
	学习的主动性	在实训中主动学习相关知识，积极回答老师问题	15					
	专业知识的学习	能够正确完成原始凭证的补充填写与审核，记账凭证的编制、日记账和明细账的登记工作	35					
课后	作业的完成	完成老师布置的课后作业，巩固课中所学	10					
		总评	100	—	—	—	—	

综合评价: 1.优秀（≥90分） 2.良好（75~89分） 3.及格（60~74分） 4.不及格（<60分）

实训总结

实训时间：

班级		组别	
小组成员			
实训内容与目标			
实训过程与效果			
实训总结			

任务二 信息化账处理

任务准备

知识准备

熟悉信息化总账系统、固定资产系统和工资系统的日常业务操作步骤。

技能准备

能够熟练运用总账系统、固定资产系统和工资系统。

资料准备

会计信息化软件。

知识拓展

约当产量法是指将月末在产品数量按其加工程度和投料程度折合为相当于完工产品的数量。约当产量法是根据月末在产品盘点的数量用技术测定，定额工时消耗或凭借经验估计，确定它们的完工程度，再按完工程度，将在产品折合成完工产品的数量，然后将产品应计算的全部生产费用，按完工产品数量和在产品约当量进行计算，求出单位成本、完工产品成本和在产品成本的计算方法。

任务要求

根据实训资料在T3等财务信息化软件中完成日常业务处理。

信息化账答案

导师寄语

会计信息化软件在会计上的应用相当广泛，可以省去手工账烦琐的流程，也能完成一些比较复杂的会计处理，因此我们需要熟练运用信息化软件进行日常业务的账务处理。

任务评价

项目二 日常业务处理

任务二 信息化账处理

实训评价表

班级： 姓名： 日期：

考核项目		考核内容	分值	评分				小计
				学生自评20%	学生互评20%	教师评价30%	导师评价30%	
课前	知识预习	认真自学微课与课本，预习相关知识	10					
	团队合作	在课堂上积极参与小组讨论，与同学之间互帮互助	15					
课中	纪律性	遵守课堂纪律，不迟到、不早退	15					
	学习的主动性	在实训中主动学习相关知识，积极回答老师问题	15					
	专业知识的学习	能够熟练运用总账系统、固定资产系统和工资系统进行日常业务操作，核算正确	35					
课后	作业的完成	完成老师布置的课后作业，巩固课中所学	10					
	总评		100	—	—	—	—	

综合评价：1. 优秀（≥90分） 2. 良好（75~89分） 3. 及格（60~74分） 4. 不及格（<60分）

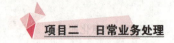
实训总结

实训时间：

班级		组别	
小组成员			
实训内容与目标			
实训过程与效果			
实训总结			

项目三
期末业务处理

 学习目标

知识目标

1.了解期末业务的内容；

2.熟悉期末业务的账务处理流程。

能力目标

能够熟练进行期末业务的账务处理。

素质目标

提高学生分析问题、解决问题的能力，培养学生严谨细致、精益求精的工匠精神。

实训业务

【业务96】2022年1月31日，结转本月损益（信息化要求：生成一张凭证）。

【业务97】2022年1月31日，计提和结转本月应交所得税（信息化要求：运用自定义转账）。

自定义转账

【业务98】出纳签字、主管审核、会计记账与结账。

任务一 手工账处理

任务准备

知识准备

1.熟悉期末业务的账务处理；

2.熟悉科目汇总表账务处理程序；

3.熟悉结账的方法。

技能准备

1.能够正确处理期末业务；

2.能够编制科目汇总表；

3.能够根据科目汇总表登记总账；

4.能够进行期末结账。

资料准备

1.记账凭证；

2.科目汇总表；

3.总账；

4.日记账：库存现金日记账和银行存款日记账；

5.明细账：三栏式明细账、数量金额式明细账和多栏式明细账。

知识拓展

　　结账一般分为月度结账（简称月结）、季度结账（简称季结）和年度结账（简称年结）。结账时应根据不同的账户记录，分别采用不同的结账方法。需要结出当月（季、年）发生额的账户，如收入、费用账户等，应单列一行登记发生额，在摘要栏内注明"本月（季）合计"或"本年累计"。结出余额后，应在余额前的"借或贷"栏内写"借"或"贷"字样，没有余额的账户，应在余额栏前的"借或贷"栏内写"平"字，并在余额栏内"元"位用"Ø"表示。对于没有表明"借或贷"余额方向的账户，如出现负数余额，则用红字书写。为了突出本期发生额及期末余额，表示本会计期间的会计记录已经截止或者结束，将本期与下期的会计记录明显分开，结账应画"结账线"。画线时，月结、季结用单红线，年结画双红线。结账时应画通栏红线。

任务要求

1.根据实训资料填制记账凭证；
2.编制科目汇总表（见表3-1）；
3.登记总账；
4.对账和结账。

科目汇总表二维码　科目汇总表的编制　　手工账答案

表 3-1　科目汇总表

年　　月　　日至　　日　　　汇字第　号　　单位：元

账户名称	借方发生额	贷方发生额	账页（√）	记账凭证起讫号数
				（略）

续表

账户名称	借方发生额	贷方发生额	账页（√）	记账凭证起讫号数
				（略）
合计				

会计主管：　　　　　记账：　　　　　审核：　　　　　制单：

 导师寄语

月末、季末、年末，每个期末都是会计忙碌的节点。计提、分摊、结转、对账、结账、编制科目汇总表就像一个个欢快的鼓点展现出会计人的节奏。这是终点，也是起点，更是周而复始的乐章。

任务评价

项目三 期末业务处理

任务一 手工账处理

实训评价表

班级： 姓名： 日期：

考核项目		考核内容	分值	评分				
				学生自评20%	学生互评20%	教师评价30%	导师评价30%	小计
课前	知识预习	认真自学微课与课本，预习相关知识	10					
课中	团队合作	在课堂上积极参与小组讨论，与同学之间互帮互助	15					
	纪律性	遵守课堂纪律，不迟到，不早退	15					
	学习的主动性	在实训中主动学习相关知识，积极回答老师问题	15					
	专业知识的学习	能够正确完成期末记账凭证的编制和科目汇总表的编制，根据科目汇总表登记总账，进行总账、日记账、明细账的期末结账	35					
课后	作业的完成	完成老师布置的课后作业，巩固课中所学	10					
		总评	100	—	—	—	—	

综合评价：1. 优秀（≥90分） 2. 良好（75~89分） 3. 及格（60~74分） 4. 不及格（<60分）

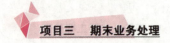

实训总结

实训时间：

班级		组别	
小组成员			
实训内容与目标			
实训过程与效果			
实训总结			

任务二　信息化账处理

任务准备

知识准备

熟悉信息化软件期末结账的流程。

技能准备

能够运用信息化软件进行期末结账。

资料准备

会计信息化软件。

知识拓展

现行税制中的企业所得税基本税率为25%；非居民企业适用税率20%；符合条件的小型微利企业适用税率20%；国家需要重点扶持的高新技术企业适用税率15%。

任务要求

根据实训资料在T3等财务信息化软件中完成期末业务处理。

信息化账答案

导师寄语

相比亲历亲为的手工操作，信息技术更能体现科学技术带给人们的便捷。鼠标和键盘配合，就把信息化结账的魅力阐释了出来。

任务评价

项目三　期末业务处理
任务二　信息化账务处理

实训评价表

班级：　　　　　　　姓名：

日期：　　　　　　　日期：

考核项目		考核内容	分值	评分				
				学生自评20%	学生互评20%	教师评价30%	导师评价30%	小计
课前	知识预习	认真自学微课与课本，预习相关知识	10					
	团队合作	在课堂上积极参与小组讨论，与同学之间互帮互助	15					
课中	纪律性	遵守课堂纪律，不迟到，不早退	15					
	学习的主动性	在实训中主动学习相关知识，积极回答老师问题	15					
	专业知识的学习	能够运用信息化软件在总账、工资、固定资产模块中进行期末结账	35					
课后	作业的完成	完成老师布置的课后作业，巩固课中所学	10					
		总评	100			—	—	—

综合评价：1.优秀（≥90分）　2.良好（75-89分）　3.及格（60-74分）　4.不及格（<60分）

实训总结

实训时间：

班级		组别	
小组成员			
实训内容与目标			
实训过程与效果			
实训总结			

项目四 报表编制

任务一 手工账处理

2.能够正确填制增值税及附加税的纳税申报表。

资料准备

1.会计凭证；

2.总账和明细账；

3.资产负债表；

4.利润表；

5.增值税及附加税纳税申报表。

知识拓展

资产负债表亦称财务状况表，表示企业在一定日期的财务状况（即资产、负债和所有者权益的状况）的主要会计报表。资产负债表结构有账户式和报告式两种，我国企业采用账户式结构。

利润表是反映企业在一定会计期间的经营成果的财务报表。利润表一般有单步式利润表和多步式利润表。在我国，利润表采用多步式利润表。

任务要求

1.编制东发标准件制造有限公司2022年1月资产负债表（见表4-1）和利润表（见表4-2）；

2.填制东发标准件制造有限公司2022年1月增值税及附加税费申报表（见表4-3）。

增值税及附加税费申报表附列资料如表4-4~表4-8所示。

增值税减免税申报明细表如表4-9所示。

其他扣税凭证明细表如表4-10所示。

表4-1　资产负债表

编制单位：　　　　　　　　　　　　　　　年　　月　　日　　　　　　　　　　　　会小企01表
单位：元

资产	行次	期末余额	年初余额	负债和所有者权益	行次	期末余额	年初余额
流动资产：				流动负债：			
货币资金	1			短期借款	31		
短期投资	2			应付票据	32		
应收票据	3			应付账款	33		
应收账款	4			预收账款	34		
预付账款	5			应付职工薪酬	35		
应收股利	6			应交税费	36		
应收利息	7			应付利息	37		
其他应收款	8			应付利润	38		
存货	9			其他应付款	39		
其中：原材料	10			其他流动负债	40		
在产品	11			流动负债合计	41		
库存商品	12			非流动负债：			
周转材料	13			长期借款	42		
其他流动资产	14			长期应付款	43		
流动资产合计	15			递延收益	44		
非流动资产：				其他非流动负债	45		
长期债券投资	16			非流动负债合计	46		
长期股权投资	17			负债合计	47		
固定资产原价	18						
减：累计折旧	19						
固定资产账面价值	20						
在建工程	21						
工程物资	22						
固定资产清理	23						
生产性生物资产	24			所有者权益（或股东权益）			
无形资产	25			实收资本（或股本）	48		
开发支出	26			资本公积	49		
长期待摊费用	27			盈余公积	50		
其他非流动资产	28			未分配利润	51		
非流动资产合计	29			所有者权益（或股东权益）合计	52		
资产总计	30			负债和所有者权益（或股东权益）总计	53		

表 4-2 利润表

会小企02表

利润表的编制

编制单位：　　　　　　　　年　　月　　日　　单位：元

项目	行次	本年累计金额	本月金额
一、营业收入	1		
减：营业成本	2		
税金及附加	3		
其中：消费税	4		
营业税	5		
城市维护建设税	6		
资源税	7		
土地增值税	8		
城镇土地使用税、房产税、车船税、印花税	9		
教育费附加、矿产资源补偿费、排污费	10		
销售费用	11		
其中：商品维修费	12		
广告费和业务宣传费	13		
管理费用	14		
其中：开办费	15		
业务招待费	16		
研究费用	17		
财务费用	18		
其中：利息费用（收入以"—"号填列）	19		
加：投资收益（损失以"—"号填列）	20		
二、营业利润（亏损以"—"号填列）	21		
加：营业外收入	22		
其中：政府补助	23		
减：营业外支出	24		
其中：坏账损失	25		
无法收回的长期债券投资损失	26		
无法收回的长期股权投资损失	27		
自然灾害等不可抗力因素造成的损失	28		
税收滞纳金	29		
三、利润总额（亏损总额以"—"号填列）	30		
减：所得税费用	31		
四、净利润（净亏损以"—"号填列）	32		

表 4-3　增值税及附加税费申报表

（一般纳税人适用）

根据国家税收法律法规及增值税相关规定制定本表。纳税人不论有无销售额，均应按税务机关核定的纳税期限填写本表，并向当地税务机关申报。

税款所属时间：自　　年　　月　　日至　　年　　月　　日
填表日期：　　年　　月　　日
金额单位：　元（列至角分）
纳税人识别号(统一社会信用代码)：
所属行业：

纳税人名称		法定代表人姓名		注册地址		生产经营地址	
开户银行及账号		登记注册类型				电话号码	

项目		栏次	一般项目		即征即退项目	
			本月数	本年累计	本月数	本年累计
销售额	（一）按适用税率计税销售额	1				
	其中：应税货物销售额	2				
	应税劳务销售额	3				
	纳税检查调整的销售额	4				
	（二）按简易办法计税销售额	5				
	其中：纳税检查调整的销售额	6				
	（三）免、抵、退办法出口销售额	7		—	—	—
	（四）免税销售额	8			—	—
	其中：免税货物销售额	9		—	—	—
	免税劳务销售额	10		—	—	—

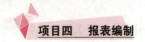
续表

项目	栏次	一般项目 本月数	一般项目 本年累计	即征即退项目 本月数	即征即退项目 本年累计
销项税额	11				
进项税额	12				
上期留抵税额	13				—
进项税额转出	14				
免、抵、退应退税额	15				—
按适用税率计算的纳税检查应补缴税额	16				—
应抵扣税额合计	17=12+13-14-15+16		—		—
实际抵扣税额	18（如17<11，则为17，否则为11）				
应纳税额	19=11-18			—	
期末留抵税额	20=17-18			—	
简易计税办法计算的应纳税额	21				
按简易计税办法计算的纳税检查应补缴税额	22			—	—
应纳税额减征额	23				
应纳税额合计	24=19+21-23				

税款计算

续表

项目		栏次	一般项目		即征即退项目	
			本月数	本年累计	本月数	本年累计
税款缴纳	期初未缴税额（多缴为负数）	25				
	实收出口开具专用缴书退税额	26			—	—
	本期已缴税额	27=28+29+30+31				
	①分次预缴税额	28		—		—
	②出口开具专用缴款书预缴税额	29		—		—
	③本期缴纳上期应纳税额	30				
	④本期缴纳欠缴税额	31				
	期末未缴税额（多缴为负数）	32=24+25+26−27				
	其中：欠缴税额（≥0）	33=25+26−27		—		—
	本期应补（退）税额	34＝24−28−29	—	—		—
	即征即退实际退税额	35				
	期初未缴查补税额	36			—	—
	本期入库查补税额	37			—	—
	期末未缴查补税额	38=16+22+36−37				
附加税费	城市维护建设税本期应补（退）税额	39			—	—
	教育费附加本期应补（退）费额	40			—	—
	地方教育附加本期应补（退）费额	41			—	—

声明：此表是根据国家税收法律法规及相关规定填写的，本人（单位）对填报内容（及附带资料）的真实性、可靠性、完整性负责。

纳税人（签章）：

经办人：

经办人身份证号：

代理机构签章：

代理机构统一社会信用代码：

受理人：

受理税务机关（章）：　　　　年　　月　　日

受理日期：　　年　　月　　日

表4-4　增值税及附加税费申报表附列资料（一）

（本期销售情况明细）

税款所属时间：　年　月　日　至　年　月　日

纳税人名称：（公章）　　　　　　　　　　　　　　　金额单位：元（列至角分）

项目及栏次		开具增值税专用发票		开具其他发票		未开具发票		纳税检查调整		合计			扣除	扣除后	
		销售额	销项（应纳）税额	销售额	销项（应纳）税额	销售额	销项（应纳）税额	销售额	销项（应纳）税额	销售额	销项（应纳）税额	价税合计	服务、不动产和无形资产扣除项目本期实际扣除金额	含税（免税）销售额	销项（应纳）税额
		1	2	3	4	5	6	7	8	9=1+3+5+7	10=2+4+6+8	11=9+10	12	13=11-12	14=13÷（100%+税率或征收率）×税率或征收率
一、一般计税方法计税　全部征税项目	13%税率的货物及加工修理修配劳务	1													
	13%税率的服务、不动产和无形资产	2													
	9%税率的货物及加工修理修配劳务	3													
	9%税率的服务、不动产和无形资产	4													
	6%税率	5													
其中：即征即退项目	即征即退货物及加工修理修配劳务	6	—	—	—	—	—	—				—	—	—	—
	即征即退服务、不动产和无形资产	7	—	—	—	—	—	—				—	—	—	—

续表

项目及栏次		开具增值税专用发票		开具其他发票		未开具发票		纳税检查调整		合计			服务、不动产和无形资产扣除项目本期实际扣除金额	扣除后	
		销售额	销项（应纳）税额	销售额	销项（应纳）税额	销售额	销项（应纳）税额	销售额	销项（应纳）税额	销售额	销项（应纳）税额	价税合计		含税（免税）销售额	销项（应纳）税额
		1	2	3	4	5	6	7	8	9=1+3+5+7	10=2+4+6+8	11=9+10	12	13=11-12	14=13÷（100%+税率或征收率）×税率或征收率
二、简易方法计税计税	全部征税项目	6%征收率	8							—	—		—		—	—	—
		5%征收率的货物及加工修理修配劳务	9a							—	—		—		—	—	—
		5%征收率的服务、不动产和无形资产	9b							—	—		—			—	—
		4%征收率	10							—	—		—		—	—	—
		3%征收率的货物及加工修理修配劳务	11							—	—		—		—	—	—
		3%征收率的服务、不动产和无形资产	12							—	—		—			—	—
		预征率 %	13a							—	—		—		—	—	—
		预征率 %	13b							—	—		—		—	—	—
		预征率 %	13c							—	—		—		—	—	—
其中：即征即退项目		即征即退货物及加工修理修配劳务	14							—	—		—		—	—	—
		即征即退服务、不动产和无形资产	15							—	—		—		—	—	—
三、免抵退税		货物及加工修理修配劳务	16	—	—					—	—		—		—	—	—
		服务、不动产和无形资产	17	—	—					—	—		—		—	—	—
四、免税		货物及加工修理修配劳务	18	—	—					—	—		—		—	—	—
		服务、不动产和无形资产	19	—	—					—	—		—		—	—	—

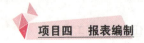

表4-5　增值税及附加税费申报表附列资料（二）

（本期进项税额明细）

税款所属时间：　　年　月　日至　　年　月　日

纳税人名称：（公章）　　　　　　　　　　金额单位：元（列至角分）

一、申报抵扣的进项税额				
项目	栏次	份数	金额	税额
（一）认证相符的增值税专用发票	1=2+3			
其中：本期认证相符且本期申报抵扣	2			
前期认证相符且本期申报抵扣	3			
（二）其他扣税凭证	4=5+6+7+8a+8b			
其中：海关进口增值税专用缴款书	5			
农产品收购发票或者销售发票	6			
代扣代缴税收缴款凭证	7		—	
加计扣除农产品进项税额	8a	—	—	
其他	8b			
（三）本期用于购建不动产的扣税凭证	9			
（四）本期用于抵扣的旅客运输服务扣税凭证	10			
（五）外贸企业进项税额抵扣证明	11	—	—	
当期申报抵扣进项税额合计	12=1+4+11			
二、进项税额转出额				
项目	栏次		税额	
本期进项税额转出额	13=14至23之和			
其中：免税项目用	14			
集体福利、个人消费	15			
非正常损失	16			
简易计税方法征税项目用	17			
免抵退税办法不得抵扣的进项税额	18			
纳税检查调减进项税额	19			
红字专用发票信息表注明的进项税额	20			
上期留抵税额抵减欠税	21			
上期留抵税额退税	22			
异常凭证转出进项税额	23a			
其他应作进项税额转出的情形	23b			

续表

三、待抵扣进项税额				
项目	栏次	份数	金额	税额
（一）认证相符的增值税专用发票	24	—	—	—
期初已认证相符但未申报抵扣	25			
本期认证相符且本期未申报抵扣	26			
期末已认证相符但未申报抵扣	27			
其中：按照税法规定不允许抵扣	28			
（二）其他扣税凭证	29=30 至 33 之和			
其中：海关进口增值税专用缴款书	30			
农产品收购发票或者销售发票	31			
代扣代缴税收缴款凭证	32	—		
其他	33			
	34			
四、其他				
项目	栏次	份数	金额	税额
本期认证相符的增值税专用发票	35			
代扣代缴税额	36	—	—	

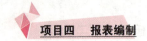

表4-6　增值税纳税申报表附列资料（三）

（服务、不动产和无形资产扣除项目明细）

税款所属时间：　　　年　　月　　日至　　年　　月　　日

纳税人名称：（公章）　　　　　　　　　　　　　　　　　金额单位：元（列至角分）

项目及栏次		本期服务、不动产和无形资产价税合计额（免税销售额）	服务、不动产和无形资产扣除项目				
			期初余额	本期发生额	本期应扣除金额	本期实际扣除金额	期末余额
		1	2	3	4=2+3	5（5≤1且5≤4）	6=4-5
13%税率的项目	1						
9%税率的金融商品转让项目	2						
6%税率的项目（不含金融商品转让）	3						
6%税率的金融商品转让项目	4						
5%征收率的项目	5						
3%征收率的项目	6						
免抵退税的项目	7						
免税的项目	8						

表 4-7 增值税及附加税费申报表附列资料（四）

（税额抵减情况表）

税款所属时间： 年 月 日至 年 月 日

纳税人名称：（公章）　　　　　　　　　　　　　金额单位：元（列至角分）

一、税额抵减情况						
序号	抵减项目	期初余额	本期发生额	本期应抵减税额	本期实际抵减税额	期末余额
		1	2	3=1+2	4≤3	5=3-4
1	增值税税控系统专用设备费及技术维护费					
2	分支机构预征缴纳税款					
3	建筑服务预征缴纳税款					
4	销售不动产预征缴纳税款					
5	出租不动产预征缴纳税款					
二、加计抵减情况						
序号	加计抵减项目	期初余额	本期发生额	本期调减额	本期可抵减额	本期实际抵减额	期末余额
		1	2	3	4=1+2-3	5	6=4-5
6	一般项目加计抵减额计算						
7	即征即退项目加计抵减额计算						
8	合计						

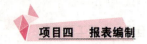

表4-8　增值税及附加税费申报表附列资料（五）

（附加税费情况表）

税（费）款所属时间：　　　年　　月　　日至　　　年　　月　　日

纳税人名称：（公章）　　　　　　　　　　　　　　金额单位：元（列至角分）

税（费）种		计税（费）依据			税（费）率（%）	本期应纳税（费）额	本期减免税（费）额		试点建设培育产教融合型企业		本期已缴税（费）额	本期应补（退）税（费）额
		增值税税额	增值税免抵税额	留抵退税本期扣除额			减免性质代码	减免税（费）额	减免性质代码	本期抵免金额		
		1	2	3	4	5=(1+2-3)×4	6	7	8	9	10	11=5-7-9-10
城市维护建设税	1								—	—		
教育费附加	2											
地方教育附加	3											
合计	4	—	—	—	—		—		—			
本期是否适用试点建设培育产教融合型企业抵免政策 □是 □否				当期新增投资额						5		
				上期留抵可抵免金额						6		
				结转下期可抵免金额						7		
可用于扣除的增值税留抵退税额使用情况				当期新增可用于扣除的留抵退税额						8		
				上期结存可用于扣除的留抵退税额						9		
				结转下期可用于扣除的留抵退税额						10		

表 4-9 增值税减免税申报明细表

税款所属时间：自　　年　　月　　日至　　年　　月　　日

纳税人名称（公章）：　　　　　　　　　　　　　金额单位：元（列至角分）

一、减税项目						
减税性质代码及名称	栏次	期初余额	本期发生额	本期应抵减税额	本期实际抵减税额	期末余额
		1	2	3=1+2	4≤3	5=3-4
合计	1					
	2					
	3					
	4					
	5					
	6					

二、免税项目						
免税性质代码及名称	栏次	免征增值税项目销售额	免税销售额扣除项目本期实际扣除金额	扣除后免税销售额	免税销售额对应的进项税额	免税额
		1	2	3=1-2	4	5
合计	7					
出口免税	8		—	—	—	
其中：跨境服务	9		—	—	—	
	10				—	
	11				—	
	12				—	
	13				—	
	14				—	
	15				—	
	16				—	

表 4-10　其他扣税凭证明细表

序号	抵扣项目名称	份数	金额	税额
		1	2	3
1	桥、闸通行费			
2	国内旅客运输服务			
3	尚未抵扣完毕的不动产或者不动产在建工程			
4	固定资产、无形资产、不动产转变用途可以抵扣的进项税额			
5	合计			

财务报表、纳税申报表二维码　　　报表业务处理答案

导师寄语

　　报表的编制是我们会计人员这个月的最后一项工作，尽显会计人员的专业能力。这是我们辛苦一个月的成果，它能为企业信息使用者做决策提供参考。

任务评价

项目四　报表编制

任务一　手工账处理

实训评价表

班级：　　　　　姓名：　　　　　日期：

考核项目		考核内容	分值	评分					
				学生自评20%	学生互评20%	教师评价30%	导师评价30%	小计
课前	知识预习	认真自学微课与课本，预习相关知识	10					
课中	团队合作	在课堂上积极参与小组讨论，与同学之间互帮互助	15					
	纪律性	遵守课堂纪律，不迟到、不早退	15					
	学习的主动性	在实训中主动学习相关知识，积极回答老师问题	15					
	专业知识的学习	能够正确编制资产负债表、利润表和增值税及附加税的纳税申报表	35					
课后	作业的完成	完成老师布置的课后作业，巩固课中所学	10					
总评			100	—	—	—	—	

综合评价：1. 优秀（≥90分）　2. 良好（75~89分）　3. 及格（60~74分）　4. 不及格（<60分）

实训总结

实训时间：

班级		组别	
小组成员			
实训内容与目标			
实训过程与效果			
实训总结			

任务二　信息化账处理

▤ 任务准备

知识准备

熟悉信息化软件运用模板生成资产负债表和利润表的操作步骤。

技能准备

能够运用信息化软件报表模板生成资产负债表和利润表。

资料准备

会计信息化软件。

▤ 知识拓展

月度财务报表应当于月度终了后6天内（节假日顺延，下同）对外提供；

季度财务报表应当于季度终了后15天内对外提供；

半年度财务报表应当于年度中期结束后60天内（相当于两个连续的月份）对外提供；

年度财务报表应当于年度终了后5个月内对外提供。

▤ 任务要求

运用信息化软件模板生成东发标准件制造有限公司2022年1月的资产负债表和利润表。

▤ 导师寄语

见识过手工报表的百转千回，你一定会爱上信息化报表的直接。只需设置好模板，资产负债表、利润表及现金流量表等就能跃然于眼前。

任务评价

项目四 报表编制

任务二 信息化账处理

实训评价表

班级： 姓名： 日期：

考核项目	考核内容	分值	评分				
			学生自评20%	学生互评20%	教师评价30%	导师评价30%	小计
课前	知识预习	认真自学微课与课本，预习相关知识	10				
课中	团队合作	在课堂上积极参与小组讨论，与同学之间互帮互助	15				
	纪律性	遵守课堂纪律，不迟到、不早退	15				
	学习的主动性	在实训中主动学习相关知识，积极回答老师问题	15				
	专业知识的学习	能够正确运用信息化软件报表模板生成资产负债表和利润表	35				
课后	作业的完成	完成老师布置的课后作业，巩固课中所学	10				
	总评		100	——	——	——	——

综合评价：1. 优秀（≥90分） 2. 良好（75-89分） 3. 及格（60-74分） 4. 不及格（<60分）

实训总结

实训时间：

班级		组别	
小组成员			
实训内容与目标			
实训过程与效果			
实训总结			

大国工匠

匠人〇匠心〇专注

执着专注，针对这一领域全身心投入，精益求精、一丝不苟地完成整个工作的每一个环节，追求卓越，此乃工匠将神。